改变亲密关系：基督在你身上

教师指南

目录

致谢

我想向上帝表达我的感激之情，上帝帮助我通过雅达关系继续在主耶稣基督的恩典和知识中成长。在写这本书的过程中，有很多人为我提供咨询和帮助。许多其他人提供支持，讨论事情，阅读，写作，发表评论，让我挑选他们的神学大脑，并表现出充满爱的耐心。

我要感谢我的家人，他们通过我从脑部手术中恢复过来和写这本书，继续支持、祈祷和爱我。对他们和我来说，这是一段漫长而充满信心的旅程。

我要感谢所有神职人员朋友在神学正确的过程中帮助我。感谢我多年来的各种牧师和我的学术经历，这些经历鼓励我从不同的角度看待亚达与神。

感谢罗伯特·杰斐逊博士，奥肖恩·杰斐逊女士、引座员玛丽·波登、克米特牧师和琳达·威尔逊牧师、牧师史黛西·考恩、鲁比·杰斐逊，他们花时间阅读一些章节或与我讨论一些主题，或倾听我无休止的喋喋不休。

我很感激上帝决定先爱我们。改变亲密关系是上帝之爱的证明。"我们爱"别人、"我们爱"自己或"我们爱"祂的唯一原因是因为祂先爱我们。"我们爱，因为他先爱我们"（约翰一书 4:19 ASV）。

如果我没有提到你没有把它充到我的心脏，把它充到我的头上，你们都知道我做过脑部手术。哈哈

我一遍又一遍、一遍又一遍地感谢全能的上帝。没有任何言语能够真正表达我对自己与神的关系的感激之情。对我来说，我确信没有比他的爱更伟大的爱了，耶稣就是证明。

前言

转变亲密关系

"……与主联合的就是一个灵……。」（哥林多前书 6:17 KJV ）。

每个信徒都通过内住的圣灵依附于神。这种精神依恋是上帝与人类之间的依恋，被认为是神圣的亚达关系，这意味着：神圣的亲密关系、契约和独特的一体性。婚姻结合是基督和信徒之间关系的最接近的代表，但雅达关系更大。

我们将把人类的依恋看作是对信徒通过基督与永生神之间令人敬畏的依恋的一种理解。人类依恋始于婴儿期，通常首先在婴儿与其主要照顾者之间经历。专业心理学家和该领域的其他人为依恋提供了许多理论和解释，我得出的结论是，依恋是将一个人与另一个人紧密联系和绑定的无形纽带。

由这些无形纽带组成的健康依恋将会成长、发展，理想情况下会持续一生。然而，如果人类的依恋没有得到适当的营养，随着时间的推移，依恋的强度可能会减弱，或者随着时间的推移对依恋的一方或双方变得松懈。依恋的人通常喜欢互相闲逛，或者至少彼此靠得很近。

"依恋理论之父"约翰·鲍尔比为理解人类依恋的心理联系和纽带提供了一个实用模型。鲍尔比认为，童年时期形成的联系和纽带将以某种方式影响一个人一生中与他人的依恋关系。鲍尔比还认为，人类的依恋包括四个重要组成部分：亲密、保护、庇护和离别痛苦。

换句话说，两个依恋的当事人喜欢彼此靠近，因为他们在关系的庇护所中感到受到保护，当他们彼此分开时，他们可能会为此感到一些痛苦。然而，当人类的依恋是健康的时，双方可以在参与许多生活努力的同时，享受彼此不同的冒险和一定程度的情感幸福。

人类依恋的独特之处在于，特别是当其中一方是婴儿时，婴儿如何在照顾者在场的情况下获得舒适和安宁。在 21 世纪，不信任或其他虐待行为严重损害了依恋他人的能力。几乎不可能找到两个能够真正享受与另一个人的亲密、安全或舒适的依恋的人。
如果没有另一个人的安全感或保护感，依恋将更像是一场梦，而不是现实。依恋与亲密关系密切，因为依恋决定了你与他人的亲密程度。不幸的是，婴儿和照顾者的依恋开启了婴儿在所有未来关系中保持亲密的能力。

神提供了亲密的深度，许多信徒无法接受或享受，因为他们早期的联系和纽带是如此疏忽。然而，无论你如何开始，神都会治愈并更新你体验真正亲密的能力。他现在是您的无所不在的照顾者，并计划从这一点开始满足每一个需求。祂绝不会撇下你或离弃你（希伯来书 13: 5）。

通过神对你永恒的爱和依恋，你可以休息并最终享受安全。神不仅与你亲近，而且通过基督的"一灵"连接与你相连：一个不可分割的整体（哥林多前书 5:17）。
愿神的内住圣灵（转化亲密关系）使你能够通过信心，通过祂的儿子耶稣来享受对神的真正依恋，这也是祂爱的证明。

彭萨科拉杰斐逊博士
亚达辅导部

如何使用本学习指南

本学习指南是为所有希望通过基督建立、更新或加强与神的关系的信徒而写的。希望你可以将此工作簿用作单独或小组学习的灵修指南，或用于每周的圣经学习。这些主题是针对通过基督与神的关系，除非另有说明，否则经文取自詹姆士王版本，问题旨在鼓励属灵的成长和发展。本研究分为几章，旨在通过学习神爱的证明来促进真正的转变。有一些问题带有建议的答案，但它们可以在圣灵引导你时被改变、改变或修改。我们为大多数问题提供了圣经，以突出这节经文的重点，但请在您计划与本学习指南一起使用的任何一个或多个版本的经文中，自行查找每节经文。请记住，除非另有说明，否则詹姆斯王版本是本工作簿最常用的版本。每章后都有空白页。

一旦我发现基督徒的旅程实际上是一种关系而不是一种宗教系统，我的生活就完全改变了。这是个人的努力。在这种关系中成长的关键成为个人的工作，其目标是"……认识

〔神〕......"（约伯记 22：21）。因为，"......永生就是叫他们（你们）认识你是独一的真神，也认识你所差来的耶稣基督"（约翰福音 17：3）。

真正的转变发生在个人特别关注通过基督与神的关系时。无论你专注于什么，都会成为你的体验。利用这份祈祷学习，你将通过经文准备好与学习的目的互动，即通过基督与神的关系。当个人亲自通过学习神的话语并与他人分享来寻求神时，它将促进他们自己的灵性成长和发展。

工作簿是学习神的话语的有用动力，并侧重于特定主题，这些主题将启发你灵性理解的新领域。我们经常引用"我们爱，因为他先爱我们"（约翰一书 4:19 ASV）。
然而，许多人在理智上知道神是怎样爱他们的，但在经验上却不知道神是怎样爱他们的。如果你没有体验到神的爱，你如何才能真正爱自己或他人或神？"我们爱，因为他先爱我们......"（约翰一书 4:19 ASV）。

本工作簿可以每天或每周学习，但需要承诺才能从中获得富有成效或成果的收益。养成定期研究这一主题的一贯习惯，将建立、更新或加强亚达关系。
本工作簿的主要目的是使人们认识到基督徒的旅程是通过基督与上帝建立的雅达（合一/盟约/亲密）关系。此外，它还将鼓励你意识到神对你的转化亲密关系，这样你就可以在自己的个人关系经历中亲眼看到神迹、奇迹和奇迹。

祝您万事如意，
彭萨科拉杰斐逊博士

思考的食粮

神之爱的证明

"……这就是爱……〔神〕差遣他的儿子……"（约翰一书 4:10）。

在你开始这本练习册之前，除了通过基督与神的关系之外，我想请你把神的爱的证据作为本研究的主要焦点。这证明了神的爱正在改变，因为神不仅说祂爱你，而且通过差遣祂的儿子来证明这一点。

因此，思考的食粮是"上帝之爱的证明"知道某人爱你是件好事，但当他们的行为证明了这一点时，那就更好了。神支持他的爱宣言，不惜饶恕自己的儿子，向你证明这一点。神，"……不饶恕自己的儿子，却为我们众人将他交出……。"（罗马书 8:32 KJV）。神的爱通过他的独生子传递和发送；表明他渴望恢复他与你的关系。没有比这更伟大的爱了，但神希望你把这当作真理来体验，而不仅仅是教会的陈词滥调。

真正的亲密关系始于两个灵（上帝和你的灵通过基督）的交往。如果你与神"合而为一"，你已经与祂亲密无间，但你可能没有体验到这种亲密关系的深度。这是什么亲密关系？当两个灵魂合而为一。让我们把性从桌子上拿下来。我们正在考虑一种更持久的亲密关系。性不是持续或最重要的亲密关系。事实上，这是一种亲密行为；这只是暗示亲密，只是短暂的。然而，真正的爱首先允许真正的亲密关系在心中发展。

当以这种方式学习亲密关系时，从长远来看，任何关系都会更容易维持爱情。圣经没有让人们以性快感为惩罚，但他们不会错过亲密关系领域真正重要的事情：两个灵魂合而为一，而不是简单的两个身体。如果您围绕性行为塑造亲密体验，您会发现亲密体验仅限于该行为。然而，如果你在两个灵魂的交往中塑造你的亲密关系，它会比这个行为更长久，最终会随着年龄而改变。无论你是谁，无论你在性方面有多好，无论你在性行为方面有多自由，总有一天你会渴望真正的亲密。

对神的"一个灵"的依恋教导你，并训练你从事现存的最高层次的亲密关系（哥林多前书 5：17）。没有真正的亲密关系，身体可能会暂时满足，但精神和心灵会被遗忘。当身体无法再收集身体上的亲密关系时，你最终将既没有身体，也没有心脏，也没有精神上的亲密关系。上帝是唯一能给你永恒亲密关系的人。

当神给你彻底的改造时，他恢复了你真正亲密的能力，"因此，如果有人在基督里，他是一个新造的人：旧事已经过去了；看哪，一切都变成新的了"（哥林多后书 5:17 KJV）。你现在"……在心爱的人中被接纳"（以弗所书 1: 6 KJV）。神爱你"……用永远（亲密）的爱……"（耶利米书 31: 3 KJV）。

神的爱的实际情况是，"……他赐下他的独生子，叫一切信他的，不至灭亡，反得永生"（约翰福音 3：16）。神的爱的证据是，"……不是我们爱神，而是祂爱我们，差遣祂的儿子为我们的罪作挽回祭（替代、干预）。」（约翰一书 4:10 KJV）。当你亲自接受基

督时，你就成了神的孩子。"凡接待他的，就赐给他们权柄，叫他们作神的儿子，就是信他名的人。"（约翰福音 1：12）

在神的爱的现实和他的爱的证明，即"基督在你里面"之后，有一种转变的亲密关系将永远改变你的生活。"……耶稣基督在你们里面……"（哥林多后书 13: 5 KJV）。"……基督在你们里面……"（歌罗西书 1:27 KJV）。"……神的灵住在你们里面……"（罗马书 8: 9 KJV）。"……如果基督在你们里面……（罗马书 8:10 KJV）。"倘若那叫耶稣从死里复活之人的灵住在你们里面……"（罗八 11）。"我与基督同钉十字架：然而我活着；却不是我，而是基督在我里面活着……"（加拉太书 2:20）。"直到基督在你们里面成形……"（加拉太书 4:19）。"岂不知你们是神的殿，神的灵住在你们里头吗？"（哥林多前书 3:16 KJV）。"岂不知你们的身子就是圣灵的殿吗？圣灵在你们里面，你们是从神来的，并不是你们自己的。」（哥林多前书 6:19 KJV）。"……神曾说，我要住在他们里面，在他们里面行走；我要作他们的神，他们要作我的子民"（哥林多后书 6:16）。"这是上帝之爱的证明。当你学习神为你改变亲密关系时，请保持这种关注。

神不只是说他爱，而是在差遣耶稣受苦受死时支持他，"……好叫〔你〕归向〔他亲密的爱〕……"（彼得前书 3:18 NASB）。"……没有比这更大的爱了……"（约翰福音 15:13 NLT）。"……你相信吗？」（约翰福音 8:51 KJV）。

祝您万事如意，
彭萨科拉杰斐逊博士

第 1 章

附件

转变亲密关系

"……爱……团结的完美纽带……」（歌罗西书 3:14）。

圣经："除此之外，还要施行爱，这是合一的完美纽带"（歌罗西书 3:14 NIV）。

课程的目的或目标：学习通过基督体验与神亲密关系的实用方法

应用课程：实践与神和其他人亲密接触的圣经原则

主题讨论：学习人类依恋和敬虔依恋之间的区别：人类天生就具有天赋的依恋能力，以便从照顾者那里得到回应，并对他们的刺激做出反应。主要照顾者和婴儿之间可见和不可见的交流是这种独特依恋的证据。这些互动的另一个名称是相互性，在这种相互性中，看护者和婴儿目睹了彼此之间持续的亲密爱的互惠。当婴儿需要照顾者的爱和照顾时，她或他会"做出回应。"当婴儿对照顾者的爱和照顾做出反应时，他或她会"对照顾者的注意力做出反应。"另一方面，看护者愉快而轻松地与婴儿沟通，他们将尽其所能地满足他们的每一个需求。照顾者和婴儿在相互关系中有不同的角色，但两种角色都表达了它们之间的互惠和亲密的联系。在健康的依恋中，这两个角色对于与爱结合同样重要，"……合一的完美纽带……"（哥林多前书 6:17 NASB）。照料者和婴儿以不同的角色和不同的方式彼此相爱，并得到回报；从而使爱成为他们之间的主要无形纽带。再一次，"……爱……合一的完美纽带……"（哥林多前书 6:17 NASB）。双方都受到这种相互交流的高度影响，并体验到真正的亲密关系。婴儿受到照顾者对其需求的反应方式的影响；而照顾者受到婴儿对其爱和照顾的反应方式的影响。亲密关系，即无形的纽带，巩固了相互交流。照顾者和婴儿都必须以相互合作的方式相互接受，以便双方都能充分受益于依恋关系。婴儿和照顾者之间的这种相互交流和亲密体验是一个人与另一个人之间最纯粹的人类依恋形式之一。它也是我们在未来亲密关系中真正建立联系的典范。不幸的是，婴儿在其一生中很少保持如此纯粹和开放的依恋技能。不良依恋经历最终会在一个人成年时破坏早期的亲密能力，成年人可能需要检查他或她通过早期依恋的镜头与人建立联系的无能。神在复兴的事业中，无论你如何开始，都可以治愈你无法体验真正亲密的人际关系。神不仅与你亲近，而且你现在通过基督与他"合而为一"：一个不可分割的整体（哥林多前书 5:17）。内住基督的力量完全、彻底地恢复了你体验真正亲密的能力。

在第一章结束时提供额外的教师备注。

敬虔的依恋

1.人类依恋的定义是什么？依恋另一个人的条件。你的无形部分，可以被另一个人附着，并激励你执行某些任务。你的无与伦比的部分，如爱、感情、奉献、忠诚或亲密，将你与另一个人联系起来。上帝是否将你与自己联系在一起？是的，如何？通过属灵的依恋"……因为腰带紧贴一个人的腰，所以我使以色列全家和犹大全家紧贴我，这是耶和华说的……」（耶利米书 13：11）。"……你要敬畏耶和华你的神，事奉他，专靠他，指着他的名起誓……"（申命记 10:20）。"……因为你们若谨守遵行我所吩咐的一切诫命，爱耶和华你们的神，遵行他的道，专靠他……"（申命记 11:22）。"……但与主联合的，就是一个灵……"（哥林多前书 6:17）。"……我和我的父原为一……"（约翰福音 10:30 KJV）。"……使他们都合而为一；正如你，父，在我里面，我在你里面，使他们也在我们里面……"（约翰福音 17:21 -23 NASB）。"……一个新造的人；旧事已过；看哪，万物都成为新的……。（哥林多后书 5:17 KJV）。"……与〔基督〕一同活着……"（歌罗西书 2:13 ASV）。"……在灵里复活了"（彼得前书 3:18）。"……但与主联合的，就是一个灵"（哥林多前书 6：17）。

1.在人类依恋中，婴儿从看护者那里得到回应。但在精神依恋中，谁在画画？上帝通过基督来解释这幅画。祂通过教导、学习和聆听福音信息来吸引你。"除了差我来的父，没有人能到我这里来……"（约翰福音 6：44）。"……我若（耶稣，道）从地上被高举，就必吸引众人归向我……」（约翰福音 12:32 KJV）。"经上记着说：'众先知都要受神的教训。"凡听见父的事，又听见父的事，就到我这里来……。」（约翰福音 6:45 KJV）。"不是你们拣选了我，是我拣选了你们，拣选了你们……"（约翰福音 15:16）。"这里有爱，不是我们爱神，而是祂爱我们，差遣祂的儿子（内住的灵）。……（约翰一书 4:10

KJV）。"使基督因信住在你们心里......"（以弗所书 3:17 KJV）。"......我......将吸引所有的人到我这里来......」（约翰福音 12:32 KJV）。

____

____

____

2.上帝吸引你，他通过基督将你与他联系起来，他也帮助你做出回应。解释。上帝吸引你，敞开你的心去回应，然后给你信心的尺度。除了耶稣基督，你不能来到神面前。"问题在我身上，因为我太人性化了，是罪恶的奴隶。我真的不了解自己，因为我想做正确的事，但我不做。相反，我做我讨厌的事情。因此，我不是那个做错事的人；活在我身上的罪才是做错事的人。我知道没有什么好东西存在于我身上，也就是说，在我罪恶的本性中。我想做正确的事，但我做不到。我想做好事，但我不想。我不想做错事，但我还是做了。我已经发现了这条生活原则--当我想（愿意）做正确的事情时，我不可避免地会做错事。我[是] ......我内在罪恶的奴隶。哦，我是一个多么悲惨的人！谁能将我从罪恶主宰的生活中解放出来？感谢上帝！答案在我们的主耶稣基督里......"（罗马书 7:14 -25 NLT）。"......若不被差我来的父吸引，没有人能到我这里来......"（约翰福音 6:44）。"有一个妇人，名叫吕底亚，来自推雅推拉城，是紫色纺织品的卖主，是敬拜神的；主敞开心扉回应保罗所说的话......"（使徒行传 16:14 NASB）。"......除了我，你什么也做不了......"（约翰福音 15: 5 NIV）。

____

____

____

3.神吸引你，将你依附于他，并帮助你回应他。他的亲密依恋还向您承诺和保证了什么？上帝永远不会离开你。他将永远满足您的所有需求。无论你做什么或说什么，都不会将你与他永恒的爱分开。他完全接受你，并将永远照顾你所关心的一切。"我必不撇下你，也不丢弃你......"（希伯来书 13: 5）。"......看哪，我与...... [你]同在，无论[你] ......去哪里，我都会保留...... [你] ......因为我不会离开[你] ......。"（创世记 28:15 ASV）。"......神若与我们同在，谁能敌挡我们呢？......谁能使我们与基督的爱隔绝？...... ......〔没有什么〕......能使我们与神的爱隔绝，神的爱在我们的主基督耶稣里...... "（罗马书 8:31 -39）。祂"......用永恒的爱爱〔你〕......」（耶利米书 31: 3 KJV）。有"......〔没有〕......比这更大的爱......"（约翰福音 15:13 KJV）。"......我的神必照他在基督耶稣里荣耀的丰富供应一切〔你们所需的〕......"（腓立比书 4:19 NASB）。"......耶和华必成全关乎〔你们〕的事......"（诗篇 138: 8）。"......〔神〕......使〔你们〕......在爱人中被接纳......"（以弗所书 1: 6 KJV）。"......〔你们〕......与主联合〔，〕......就是一个灵〔永远与神同在〕......"（哥林多前书 6:17 KJV）。

____

____

____

4 神吸引你，依附你，帮助你回应，并通过他的话语向你做出关系承诺；在这种令人敬畏的神圣依恋中，你扮演了什么角色？相信解释。神已经赐给每个孩子他"信心的尺度"，以确保他们能够做神的工作，也就是相信基督在十字架上所完成的工作。相信基督所完成的工作，每个孩子都将得到神在基督耶稣里自由赐给他们的一切。"耶稣回答说，……这就是神的作为，叫你们信他所差来的。」（约翰福音 6:29 KJV）。"……只要信……"（马可福音 5:36 KJV）。"……照着你们的信心，叫这事成就在你们身上"……（马太福音 9:29 NIV）。在敬虔的依恋中，上帝会让你相信吗？是的，如何？通过信心的措施。"……照着神所赐给各人信心的尺度……"（罗马书 12: 3 NIV）。"……他赐给你权柄，使你得胜……"（申命记 8:17 -17）。"……你有什么是神没有赐给你的？如果你所拥有的一切都是从神来的，为什么要夸口说这不是恩赐呢？……"（哥林多前书 4: 7 NLT）。

____

____

____

人类依恋

5. 在继续下一组问题之前，请阅读并讨论以下部分：什么是人类依恋？是什么让一个人与另一个人联系在一起，真正的依恋发生在哪里？你能接近某人而不依恋他们吗？人类的依恋是两个人之间的纽带，涉及持久和持久的爱的情感。真正的爱是将一个人与另一个人联系起来的唯一东西。你可以接近或非常非常接近另一个人，但却不依附于他们。亲密是靠近，而不是依恋。人类依恋的大部分信息来自婴儿和照顾者的联系，通常用于解释成人依恋的发展或技能。约翰·鲍尔比（John Bowlby）是依恋理论的早期精神分析学家，他提供了我们今天的大部分研究成果。根据他的理论，天生的上帝赐予的依恋能力使婴儿能够从主要照顾者那里获得爱、照顾、保护和支持。这些与生俱来的依恋能力不仅会引起看护者的反应，还会让婴儿靠近看护者。引起看护者回应的主要好处之一是确保主附件图靠近或靠近婴儿。确保看护者在附近或附近，让婴儿感到安全、有保障、被爱、被照顾和支持。出于某种原因，这种亲密关系会鼓励婴儿的社交行为，他或她更有可能探索周围的世界并与他人互动。

如果没有这种亲密感，婴儿将经历恐惧、焦虑、绝望、抑郁或压力等负面情绪。显然，为婴儿提供安全和稳定的感觉，使他们能够形成鼓励冒险、个人成长和健康发展的亲密依恋。婴儿如此愿意探索周围的世界并与他人互动的原因是，他们的许多或大多数即时需求都得到了照顾者的满足。当婴儿的许多或大部分需求得到满足时，从婴儿期到整个成长阶段，他或她在主要照顾者的持续支持和安全中成长和发展。理想情况下，随着个体在正常寿命期间的成长和发展，这种安全和支持的感觉仍然存在。在后来的研究中，关于成人依恋，在护理、爱和安全的平衡支持系统方面，与不平衡的支持系统相似。人类依恋，无论是婴儿还是成人，只有在提供安全、保障、爱、关心或支持时才是理想的，在这种情况下，对世界的探索以及与他人的健康互动才会产生结果。人类的依恋始于婴儿期，并将塑造一个人在一生中与他人的亲密体验。无论一个人对另一个人的依恋能力如何破碎；人们相信，感受到被爱和被接受的需求是如此天生强大，以至于个人会冒着安全或真正关怀的风险，并接受虐待和/或凌辱。理想情况下，最受欢迎的人类依恋来自健康的关系，这种关系涉及健康的个体，他们经常表达爱、关怀、安全、沟通和支持。健康的关系为人类的依恋提供了一个安全和支持的环境；随着时间的推移，亲密关系能够蓬勃发展。与婴儿/看护者附件一样，成人附件会引起彼此的反应，从而提供足够且平衡的情感/身体爱、支持、关怀和安全。此外，成人附体也喜欢彼此靠近或接近。在所有人类依恋中，爱是将一个人与另一个人团结在一起的"一个"完美纽带。"……爱……合一的完美纽带……"（哥林多前书 6:17 NASB）。虽然人们谈论爱情的版本，但圣经却没有。根据圣经，爱是最纯洁、最神圣的纽带，可以通过彼此亲密和深情地联系在一起。"……因为神就是爱……"（约翰一书 4: 8 KJV）。爱是通过善良、关怀、支持、信任、亲密、关注和保护行为来表达的。敬虔的爱是爱的最高标准和表达。"爱是耐心，爱是善良。它不嫉妒，它不夸耀，它不骄傲。5.不羞辱他人，不追求私利，不易被激怒，不做错事记录。爱不以恶为乐，而以真理为乐。它总是保护，总是信任，总是希望，总是坚持，爱永远不会失败……"（哥林多前书 13: 4-8）。爱情只有一个标准，它是彼此真正依恋的唯一完美、亲密的纽带。

6.解释人类的依恋。。人类的依恋是你不可分割的一部分，就像你的心一样，它以爱、感情、奉献、忠诚或亲密的方式伸出援手，并将你与另一个人联系起来。您如何与他人建立联系？表现出感情，花时间与他们在一起，为他们牺牲，做他们喜欢做的事情，表现出尊重和荣誉，在需要时给予恩典和怜悯，原谅等；

____

____

____

7.当婴儿需要爱和关怀时，他或她会用与生俱来的上帝赋予的沟通技巧直接要求。描述婴儿如何从他们的照顾者那里得到回应？婴儿通过发出声音、表现出情绪或通过肢体语言引发反应。婴儿从照顾者那里"得到回应"的主要方式之一是通过他们哭泣或抱怨的能力。当婴儿哭泣或呜咽时，他们可能需要喂食，或更换尿布，或拥抱，或更多的毯子，或者他们可能只是想见照顾者或听到他们的声音。婴儿奇迹般地从护理人员那里"得到回应"，最初，所有的非语言沟通和护理人员的反应都是随着时间的推移，这种依恋是如何发展或加深的。描述当您需要他们的爱和关怀时，您如何从他们那里得到回应。花时间与他们交谈。分享感受。直接寻求爱和感情。通过我的行动让他们知道我需要他们。

____

____

____

8.当一个婴儿回应他或她从他们的照顾者那里得到的爱和关怀时，他们会使用他们与生俱来的上帝赐予的沟通技巧来做出反应。描述婴儿对看护者的爱和关怀的反应？婴儿使用他们的非语言沟通技巧，通过吮吸牛奶、抓住手或手指、微笑、哭泣或抱怨、依附、本能地伸出手、咕咕声、平静下来、玩耍、放松或在照顾者的手臂上睡觉来对照顾者做出反应。描述当你的爱人表现出对你的爱和关心时，你的反应。说声谢谢。告诉他们我的感受。微笑，享受这一刻。给他们一个拥抱。看着他们的眼睛，告诉他们您需要多少，并欣赏他们的爱和关怀。

____

____

____

9.在婴儿/照顾者依恋中；婴儿对亲密关系有什么贡献？婴儿奇迹般地使用非语言技能来传达他们的需求和愿望，从而通过密切信任照顾者做出回应来促进依恋关系。看护者对亲密关系有什么贡献？照顾者通过以下方式回应婴儿的需求和愿望来表达爱和关怀：抱起婴儿、拥抱他们、给他们喂奶或喂奶、按摩、亲吻他们、和他们一起玩耍、抱着或摇晃他们、唱歌、换尿布、和他们交谈、给他们读故事或和他们一起小睡。它们还靠近婴儿，提供安全感。他们还利用自己的力量和智慧来保护婴儿免受周围世界的危险，从而确保婴儿的生存。照顾者将安慰、保护并成为婴儿探索周围世界的锚。您的依恋技能是否需要提高？请解释。

____

____

____

10.在一个精神/信徒的依恋中；你对亲密的纽带有什么贡献？相信或有信心「……只信……」（约翰福音 12：32）。"……全心信靠主，不要依靠自己的洞察力（理解力）。在你一切所行的事上都要认他，他必指引你的路"（箴言 3: 5-6）。"……把你的一切看顾都投在他身上，因为他看顾你。」（彼得前书 5: 7 KJV）。"……我们当怎样行……信他所差来的……"（约翰福音 6:28 -29）。神对你（信徒）的亲密关系有什么贡献？爱和基督。"……神就是爱（约翰一书 4: 4-8）。"……爱……始终保护，始终信任，始终希望，始终坚持，爱永不止息……"（哥林多前书 13: 4-8）。"……我要供应你们一切所需……"（腓立比书 4:19）。"……我的神必供应一切〔我的需要〕……照他在基督耶稣里荣耀的丰富……"（腓立比书 4:19 NASB）。"……荣耀的丰富……就是基督在你们里面……"（歌罗西书 1:27 KJV）。

____

____

____

11.为什么婴儿"需要并照料"看护者？婴儿在婴儿早期根本无法调节自己或自己的情绪。因此，他们完全需要并依靠主要照顾者来帮助他们生存和驾驭周围的新世界。当他们以安全可靠的方式探索和了解新环境时，他们需要并依靠护理人员成为安全的锚。特别是，婴儿需要并依赖于照顾者来学习当前依恋关系中信任的基本方面，以及未来亲密关系中人类依恋的基本方面。他们还需要并依靠护理人员帮助他们以健康的方式控制冲动和情绪，同时也培养身份、自我价值、道德、核心价值观和平衡的独立性。理想情况下，与照顾者的充分亲密关系将在整个生命周期中保持一致，具有强烈的信任感，并从最初的人类依恋中得到持续的培养。你为什么"需要并依靠"神？没有他，我不能过属灵的生活；只有罪恶的生活。"......我想做正确的事，但我不做......。相反，我做我讨厌的事情。......谁能使我脱离今生......答案就在我们的主耶稣基督里......"（罗马书 7:14-25 NLT）。"......[你]......可以自己什么都不做......"（约翰福音 5：30 KJV）。"......从〔耶稣〕那里......你什么也做不了......"（约翰福音 15: 5 NIV）。"然而，"......〔你们〕......靠着那加添〔你们〕力量的基督，凡事都能作"（腓立比书 4:13 KJV）。"...... [他的] ......力量在软弱中变得完美......（哥林多后书 12: 9 NIV）。"......因为神在你们里面作工，叫你们立志行事......"（腓立比书 2:13 NIV）。"并不是说我们自己足以认为任何事情都是从自己而来，而是我们的充足是从神而来......"（哥林多后书 3: 5 NASB）。"......住在我里面，我在你里面。枝子若不常在葡萄树中，就不能结出自己的果子，你们若不常在我里面，也不能结出自己的果子。我是葡萄树，你们是枝子；住在我里面，我在他里面，他就多结果子，因为除我以外，你们什么也不能做......"（约翰福音 15: 4-6）。

---

12 人类的依恋是否始终可靠？　没有为什么或为什么没有？　人类是有限的，有缺陷的，无论他们的意图有多好。　即使是认为自己是"好"人的人也会错过这个标记，没有上帝，当他们的孩子或爱人指责他们一些无爱的方式时，他们也会感到惊讶。如果上帝不是方程式的一部分，即使是"好"的意图也毫无意义。"......若不是耶和华建造这殿，建造的人就枉然劳力；若不是耶和华看守这城，看守的人就枉然警醒......"（诗 127: 1）。你和世上每一个人"......不洁净......，义如污秽的抹布......」（以赛亚书 64: 6 KJV）。绝对有，"......没有行善的，没有，连一个也没有......"（罗马书 3:12 KJV）。没有神，你的每一个行为都会被罪恶玷污，就像被称为邪恶的晚期癌症一样。"......如果〔你〕......说〔你〕......没有罪，〔你〕......欺骗〔你自己〕......真理不在〔你〕里面......"（约翰一书 1: 8 KJV）。"......除了我，你什么也做不了......"（约翰福音 15: 5 NIV）。"......爱......合一的完美纽带......"（哥林多前书 6:17 NASB）。"......神就是爱......"（约翰一书 4: 8）。"......[神的] ......爱......始终保护，始终信任，始终希望，始终坚持，...... [只有神的] ......爱永远不会失败......"（哥林多前书 13: 4-8 NIV）。您在某些人类依恋（朋友、家人、配偶等）方面是否前后不一致或不可靠？是的，解释一下。我相信我有时会让我的朋友和家人失望，因为我有人性的缺陷。有些事情我可能已经道歉了，有些则没有。

13.对人类依恋的信任有多重要？最重要的是，为什么？为什么不？人类的依恋建立在信任的基础上，否则它们将无法生存。信任是所有人类依恋的基础，也是与他人建立真正充实和亲密关系的核心要素。在婴儿/照顾者的依恋中，他们依靠彼此在相互关系中发挥作用。因此，随着时间的推移，人们通过一致和可靠的行为学会相互依赖。

Trust 表示您相信关系中的另一个人是可靠、可靠、诚实和值得信赖的。当某人值得信赖时，它会让你在关系中感到安全和自信，特别是在身体和情感健康方面。值得信赖的人类依恋将始终如一地表现出爱和关怀，您可以依靠它们来确保安全。当人类依恋中的人值得信赖时，他们将在行为上保持一致和负责任，并在行动上可靠。因此，信任在人类依恋中非常重要，尤其是当人们的行为、言语和行为随着时间的推移是一致的，无论您是否在他们面前，并且您感到身体和情感安全时。你能依靠上帝吗？是，为什么或为什么不？上帝是永恒的，是值得信赖的。当你信任上帝时，上帝永远不会让你失望。他从未让任何信任他的人失望。上帝是信任的缩影。"......因为圣经说：'信他的人必不至失望......'"（罗马书 10:11 NASB）。"......信他的人不会失望......（罗马书 9:33 NASB）。"......希望不会失望，因为神的爱已经通过赐给我们的圣灵浇灌在我们心中......（罗马书 5:5 NASB）。"......他们向你〔神〕呼求，就得了拯救；他们倚靠你，并不羞愧......。（诗篇 22:5 NASB）。"......万事都互相效力，叫爱神的人得益处，叫照他旨意蒙召的人得益处......"（罗马书 8:28 KJV）。他必"......永不撇下你，也不丢弃你......"（希伯来书 13:5 KJV）。"......我是耶和华，我不改变......"（玛拉基书 3:6 KJV）。神"......能作〔或应允祷告〕......胜过我们一切所求所想的......"（以弗所书 3:20 KJV）。

____

____

____

14.您需要或依赖某人，您与某人有关系，但不信任？没有为什么或为什么没有？因为您知道它们不可靠或不可靠。没有信任，您就不能依靠对方，很可能会觉得他们不够可靠，无法敞开心扉或表现出任何脆弱性，而没有受到伤害或被拒绝的风险。没有信任，你总是会猜测对方的言行举止，发现自己总是怀疑对方的性格。人们是否满足于很少或没有信任的人际关系？是，为什么或为什么不？也许是因为尽管如此，"你"还是爱他们；即使是片面的。也许是因为它总比什么都没有好。也许是因为你觉得你应该得到他们的治疗。也许是因为你希望他们会改变。也许是因为你不知道如何放手。如果信任在过去或现在的关系中受到侵犯，那么信任的能力就会受到严重影响，但有些人会继续保持这种关系，尽管缺乏信任。无论如何，如果没有信任，两人之间可能就没有"真正的"关系，因为很难与不值得信任的人接近或亲密。当信任很少或没有信任时，人际关系就会消亡，可能只有信任的表象，而不是信任的现实。

____

____

____

15. 没有信任，人际关系中是否存在真正的依恋或亲密关系？没有为什么或为什么没有？真正的亲密关系建立在信任的基础上。为了在人际关系中享受任何真正的依恋或亲密关系，信任是将人们团结在一起的连接价值。没有爱就没有真正的依恋，没有对任何关系的信任就没有亲密关系，无论是与另一个人还是与上帝。爱能将你们融合在一起，但信任能将你们融合在一起。很难与您不信任的人感到亲密、依赖或亲密，或者您觉得自己在身体或情感上没有得到真正的支持。没有信任，您将无法感到舒适或安全，无法敞开心扉或分享自己的脆弱部分。

____

____

____

16. 在人的依恋中，是否应该有共同的、健康的需求、信任和相互依存？是的，解释。是的，在人类的依恋中，我们应该能够信任地依靠彼此来完成他们在关系中的部分。孩子依靠父母。人们依靠雇主来支付他们。老年人依靠他们的成年子女。残障人士取决于看护者。人类依恋的内部和之间应该相互信任，所有各方都可以安全、尊重和舒适地满足他们对健康的爱和关怀的需求和依赖。你可以」「......全心信靠耶和华......」（箴言 3: 5-6 KJV）。

____

____

____

17. 在婴儿/看护人的依恋关系中，婴儿需要并依赖于看护人的爱和照顾。这种对护理人员的爱和关怀的需求或依赖是否会在整个生命周期中发生变化？是，为什么或为什么不？婴儿变老，他们的需求发生变化，对照顾者的依赖发生变化。

____

____

____

18. 也就是说，最好的人类是有缺陷的，并且经常在人类依恋中绊倒。你可以依靠谁，或者你的爱人依靠谁来获得可靠、一致和永恒的爱和关怀？只有上帝解释，如果父母是信徒，他们个人才知道只有上帝的爱是完美的。神的爱是合一的完美纽带，通过"一个灵"永恒的联系将你与他联系在一起，并通过信仰的行为，你与他建立了一种可靠、可靠、安全和值得信赖的关系。这种对神的爱和信任的亲密依恋打破、解散、取消并摧毁了过去所有其他有缺陷的关系。神一直在等待你信靠祂，通过无条件地相信祂完美、可靠、可靠的爱，你终于可以为你疲惫的心灵找到安息。你和你的爱人将在万能的上帝、万王之王、主权和万物的创造者身上找到完美而值得信赖的爱。你的信任不再落在人类有缺陷的依恋中，而是落在神身上，祂永远不会让你失望。信靠神是一种祝福，它将永远有益于你的生活，使你与祂的关系成为快乐、愉快、和平、快乐和充实的经历。你没有什么可失去的，但可以获得一切。"......凡事都为神效力，叫爱神的人......"（罗马书 8:28 KJV）。"......因为圣经说：'信他的人必不至失望......"（罗马书 10:11 NASB）。

"……信他的人必不失望……（罗马书 9:33 NASB）。"……盼望必不失望……（罗马书 5: 5 NASB）。"……他们向你〔神〕呼求，就得了拯救；他们倚靠你，并不羞愧……。（诗篇 22: 5 NASB）。神"……能够超越我们所求或所想的一切……"所以，"……不要害怕……只要信……"（马可福音 5:36 KJV）。（以弗所书 3:20 KJV）。他必"……永不离开，也不丢弃……"（希伯来书 13: 5 KJV）。"……我是耶和华，我不改变……"（玛拉基书 3: 6 KJV）。

____

____

____

其他教师备注：

人类依恋：健康的照顾者和婴儿纽带是依恋的最佳例子。依恋基本上是一种基于相互关系在两个人之间形成的无形纽带（爱）。照顾者和婴儿的依恋是如此重要，以至于上帝包括一种名为"催产素"的激素，可以增强亲密体验。催产素被认为是大脑中非常强大的化学物质，在许多社会交流中对粘合和附着有很大贡献。催产素也被认为是在结合或附着期间释放的，刺激照顾者和婴儿的催产素系统，从生物学上影响他们一次又一次地重复附着行为，

在关系开始时，婴儿"需要并盲目信任"照顾者的爱和照顾；因此，照顾者为婴儿提供"需要并慷慨地爱和照顾"。这种相互交换是行动中的依恋，在这个过程中，由于婴儿和照顾者之间持续的结合行为，催产素被释放。

事实上，催产素据说增强了婴儿和照顾者之间的联系，这极大地影响了他们一遍又一遍地依恋彼此的欲望。催产素似乎不仅可以激发婴儿和照顾者之间的依恋，而且据说可以在大脑中产生"感觉良好"的影响；体验到平静、平静和幸福。

这种上帝赐予的激素催产素明显增强了人与人之间的联系，激发和丰富了婴儿和照顾者之间的亲密依恋。在婴儿生命中的这个温柔时刻，-以健康的平衡方式满足他们的需求，并学会依靠另一个人来满足这些需求–是他们与爱、亲密和信任的第一次接触和经历。

当爱的依恋是信任和可靠的，催产素将有助于使这种相互亲密的交流成为一个人一生想要追求的东西。随着孩子的成长，对照顾者的需求开始包括对照顾者的"欲望"。婴儿对爱的需求永远不会改变，但无形的纽带演变成对照顾者的渴望。您经常听到孩子们说："我想要妈妈"或"我想要爸爸"或"我想要你"。

当一个婴儿停止简单地需要看护者并开始"想要"看护者时；他或她实际上是在说我对你的爱的需要不再仅仅是我所依赖的，而是对我来说至关重要的东西。换句话说，爱情或无形的纽带已经成为必需品。

重要的是要注意，当婴儿和照顾者完全屈服于依恋关系时，它会变得高度上瘾，特别是对于幼稚和易受影响的婴儿。无辜和脆弱的婴儿一开始就完全"需要"爱和照顾的照顾者。我们依赖或完全放弃的任何东西都会给我们一种"感觉良好"的体验，就像催产素一样，它很容易上瘾。从一开始，婴儿就需要爱，并利用上帝赋予的依恋能力来吸引看护者的回应。从他们的照顾者那里"得到回应"的目的是从依恋中获得"感觉良好"的爱和体验。

婴儿和照顾者的依恋是个人一生中在亲密、爱的关系方面最重要的纽带。从互动的第一刻起，照顾者如何回应婴儿将决定孩子在未来建立爱、信任和健康的关系的能力。婴儿奇迹般地使用非语言技能来传达他们的需求和愿望，从而通过密切信任照顾者做出回应来促进依恋关系。当婴儿"做出回应"时，照顾者通常会做以下事情之一：抱起婴儿，拥抱他们，喂奶或喂奶，按摩他们，亲吻他们，和他们一起玩，抱着或摇动他们，唱歌，换尿布，和他们交谈，给他们读故事，或者和他们小睡一会儿。所有这些活动都会提高婴儿和护理人员（男性和女性）的催产素水平。同时增强亲密依恋。

当不发生健康的依恋时，不会产生"感觉良好"的激素，而是产生"感觉不好"的激素皮质醇。婴儿与其照顾者的依恋或相互交流被认为是压力。皮质醇水平会增加压力，普遍缺乏幸福感，存在矛盾心理，焦虑是经验，并且会产生恐惧或不安全感。即使婴儿"需要并完全依赖于"照顾者，他或她在这个非常幼小的年龄就知道，即使他们可能需要他们的照顾者，他们也不能依赖他们。婴儿永远不会学会信任人类的依恋。他们最终可能会对亲密关系产生矛盾或焦虑，或者一起避免人类的依恋。

神赐予的依恋能力，与孩子紧密相连，永远不会真正离开他们，并且会找到一种方式，虽然不发达，但可以表达和使用。在我看来，当婴儿试图从照顾者那里"得到回应"并且无法获得他们需要的爱时，他们被迫到其他地方寻求满足这些需求。他们与生俱来的依恋能力要求他们依恋某样东西，如果不是某个人的话。由于婴儿强大的、上帝赐予的依恋能力；某种依恋必须发生。依恋会产生催产素，催产素会让你在情感和身体上"感觉良好"。它还有助于通过现成的社交交流建立某种急需的依恋。

敬虔的依恋：敬虔的依恋发生在我们通过圣灵与神结合的那一刻。"但与主联合（依附）的是一个灵"（哥林多前书 6：17）。正是神的爱将信徒与他联系在一起。"……爱……合一的完美纽带……"（哥林多前书 6:17 NASB）。信徒对上帝的信任使他们团结在一起。"……我信靠你……"你是我的神（看顾者）……"（诗篇 31:14 NLT）。"……但我相信你永恒的爱……」（诗篇 13：5 NLT）。通过基督在信徒和神之间创造了一种独特的、亲密的"一灵"纽带，这意味着无助的、重生的信徒可以满足他或她的所有需求。"问题在我身上，因为我太人性化了，是罪恶的奴隶。我真的不了解自己，因为我想做正确的事，但我不做。相反，我做我讨厌的事情。因此，我不是那个做错事的人；活在我身上的罪才是做错事的人。我知道没有什么好东西存在于我身上，也就是说，在我罪恶的本性中。我想做正确的事，但我做不到。我想做好事，但我不想。我不想做错事，但无论如何我都会做。我已经发现了这条生活原则--当我想（愿意）做正确的事情时，我不可避免地会做错事。我[是]……我内在罪恶的奴隶。哦，我是一个多么悲惨的人！谁能将我从罪恶（自我意志）主宰的生活中解放出来？感谢上帝！答案在我们的主耶稣基督里……"（罗马书 7:14 -25 NLT）。"……我说：'你必须重生……"（约翰福音 3: 7）。"……一切赞美上帝，我们主耶稣基督的父。因着他的大怜悯，我们重生了，因为神使耶稣基督从死里复活了。……（彼得前书 1: 3 NLT）。"……你们与主联结〔并成为〕……一个灵〔与他〕；……〔因此，〕……神必因基督耶稣在荣耀里丰富地供应你们一切所需……"（哥林多前书 6:17；腓立比书 4:19 KJV）。神与婴儿信徒之间的亲密关系变成了一个社交、情感、心灵更新、精神成长和发展的地方，或者一个转化亲密关系的地方。婴儿信徒将"……在恩典中成长，在我们的主和救主耶稣基督的知识中成长……"（彼得后书 3:18 KJV）。"……使[婴儿信徒]……认识你是唯一的真神，认识耶稣基督……"（约翰福音 17: 3 KJV）。婴儿信徒早期聆听和学习神作工的经历，会通过更新心灵来刺激成长。"……作为新生婴儿，渴望神话语的真诚乳汁，使你们可以借此成长……"（彼得前书 2: 2）。"……因心意更新而改变……"（罗马书 12: 1 KJV）。亲密、转化的依恋将影响基督般的人格发展，以及在整个生命过程中建立爱心关系的能力。"……效法他儿子的形象……"（罗马书 8:29 KJV）。"……彼此相爱，就像我爱你们一样，你们也彼此相爱。……」（约翰福音 13 ：34-35）。"小子们哪，你们是属神的……我们是属神的……亲爱的，我们要彼此相爱，因为爱是属神的；凡有爱的，都是从神生的，并且认识神。不爱人的，就不认识神；因为神就是爱……"（约翰一书 4: 4-8）。人类的依恋是由生物激素催产素赋予的，但神圣的依恋是由圣灵赋予的，这是一种永恒的纽带。"……但当圣灵降临在你们身上时，你们就必得着能力……"（使徒行传 1: 8）。

"……叫他照着他丰富的荣耀赐给你们，……借着他内心的灵……使你们得以坚固"（以弗所书 3:16 KJV）。"……因为神在你们心里动工，叫你们立志行善……"（腓立比书 2:13）。敬虔的依恋使婴儿信徒有能力通过圣灵的力量应对生活中的所有问题，并在神的持续帮助下忍受一切。"……神若与我们同在，谁能敌挡我们呢？……谁能使我们与〔基督的爱隔绝？灾难，或苦难，或逼迫，或饥荒，或赤身露体，或危险，或刀剑？[不] ……但在所有这些事情上，我们都通过爱我们的祂而获得压倒性的胜利。……〔没有什么〕……能使我们与神的爱隔绝，神的爱在我们的主基督耶稣里……"（罗马书 8:31 -39）。他必"……永不撇下你，也不丢弃你……"（希伯来书 13: 5 KJV）。"……我是耶和华，我不改变……"（玛拉基书 3: 6 KJV）。敬虔的依恋是一种转变的亲密关系，在那里，上帝，伟大的照顾者将永远在那里，你将不断成长为祂儿子的形象。"子是神荣耀的光辉，是神本体的精确代表……"（希伯来书 1: 3 KJV）。"……但每当有人转向主，面纱就被揭开。因为主是灵，主的灵在哪里，哪里就有自由。因此，我们所有除去那面纱的人都可以看到并反映出主的荣耀。主--就是那灵--使我们越来越像祂，因为我们变成了祂荣耀的形象......。（哥林多后书 3:16 -18 NLT）。转化亲密关系，虔诚的依恋。

第 2 章

上帝，伟大的照顾者

"使他们知道......独一的真神和耶稣基督......"（约翰福音 17: 3）

圣经说："这就是永生，叫他们认识你，就是神所差来的独一真神和耶稣基督。」（约翰福音 17: 3 KJV）。

课程的目的或目标：学习实用和适用的方式来"认识"上帝，通过爱与我们联系的照顾者

课程的应用：看到实际的方法来与上帝，永恒的依恋中的照顾者建立联系，并相信他是永恒的爱和关怀的源泉。

主题讨论：学习神的角色，照顾者的爱，作为对无助的婴儿信徒的神圣依恋的纽带，他们只是相信：为了享受与神的敬畏、神圣、永恒的依恋或亲密关系，无助的婴儿信徒必须利用这种信任。信任是保持无助的连接价值，婴儿信徒与上帝，照顾者在一起。没有神的爱就没有真正的依恋，没有无助的信徒对神永恒的爱和关怀的信任就没有持续的亲密关系。"......爱，是合一的完美纽带......"（歌罗西书 3:14 NASB）。"......你要尽心倚靠耶和华......"（箴言 3: 5-6）。神的爱将你与祂结合在一起，但你的信任将你与祂结合在一起。很难与您不信任的人感到亲密、依赖或亲密，或者您觉得自己在身体或情感上没有得到真正的支持。"......不要害怕......只信......"（马可福音 5:36 KJV）。没有信任，你就不会向任何人（包括上帝）敞开心扉或分享脆弱的自我。过去的失望会影响信任，但相信上帝会恢复你的信任能力。"......〔此外，〕......圣经说："信他的人必不至失

望......"（罗马书 10:11 NASB）。"......信他的人必不失望......（罗马书 9:33 NASB）。"......盼望必不失望......（罗马书 5: 5 NASB）。"......他们向你〔神〕呼求，就蒙拯救；他们倚靠你，就不失望......。（诗篇 22: 5 NASB）。神"......能够超越我们所求或所想的一切......"所以，"......不要害怕......只要信......"（马可福音 5:36 KJV）。（以弗所书 3:20 KJV）。他必"......永不撇下你，也不丢弃你......"（希伯来书 13: 5 KJV）。"......我是耶和华，我不改变......"（玛拉基书 3: 6 KJV）。信任是神和信徒之间关系的核心要素。"......没有信心（信任），就不可能取悦神......"（希伯来书 11: 6 KJV）。因此，"......凭信心而行......"（哥林多后书 5: 7 KJV）。对神的信任需要通过信心有目的地发展和培养。相信神的亲密关怀、爱、怜悯和恩典会随着时间的推移而变得更加强大。"这里有爱，不是因为我们爱神，而是因为祂爱我们，差遣祂的儿子为我们的罪作挽回祭（替代、干预）。」（约翰一书 4:10 KJV）。"......你信这话吗？"（约翰福音 8:51）。"......神将信心的尺度赐给各人......"（罗马书 12: 3 NIV）。"......信心从听道而来，听道从神的话而来"（罗马书 10:17 KJV）。"......照你的信心......成就在你身上......"（马太福音 9:29 ASV）。"......在我们主和救主耶稣基督的恩典和知识中成长......阿们"（提摩太后书 3:18）。

认识上帝--团结的完美纽带

19.在歌罗西书 3:14 中，债券是什么意思？它是在两个或更多人之间共享的东西，并将它们链接或连接在一起。一种纽带通过将事物和/或人结合在一起，将它们结合在一起，将它们结合在一起，将它们结合在一起，将它们结合在一起，或将它们粘在一起。它也是一个契约或具有约束力的东西。形成亲密的关系。根据歌罗西书 3:14，什么是"合一的完美纽带"？"爱......爱，是合一的完美纽带......"（歌罗西书 3:14 NASB）。

____

____

____

20.在人类依恋中，照顾者如何与婴儿建立联系？爱护和照顾他们。看护者通过表现出持续、一致的感情，通过在必要时照顾各种身体和情感需求，并通过保持他们的亲密和安全，与婴儿建立联系。

____

____

____

21.在箴言 3: 5 中，信任是什么意思？根据箴言 3: 5，完全依赖或依靠某人是什么"你全心全意？"完全完全依赖和依靠上帝，没有任何保留或怀疑。"......你要尽心倚靠耶和华......"（箴言 3: 5）。

____

____

____

22.在人的依恋中，婴儿做了什么，表明她或他信任照顾者？ 信托解释。婴儿通过回应他的爱和关怀来完全和平地信任照顾者

____

____

____

23.人类照顾者和上帝（照顾者）之间的区别是什么？ 他的爱永远不会失败，永远不会放弃，永远不会停止，永远不会放弃，永远不会离开。他的"……爱……是合一的完美纽带……"（歌罗西书 3:14 NASB ）。"……〔没有什么〕……能使我们与神的爱隔绝……"（罗马书 8:31 -39 NASB ）。祂"……用永恒的爱爱〔你……」（耶利米书 31: 3 KJV ）。"……〔神的爱〕……常保守……常坚忍，〔神的〕……爱永不止息……"（林前 13: 4-8 ）。 有"……〔没有〕……比这更大的爱……"（约翰福音 15:13 KJV ）。"……神曾说：'我必不撇下你，也不丢弃你……'"（希伯来书 13: 5 ）。"……看哪，我与〔你〕同在，无论〔你〕往何处去……我必不撇下〔你〕……"（创世记 28:15 ASV ）。"你们要刚强壮胆，不要惧怕，也不要惧怕他们；因为耶和华你们的神与你们同去，必不撇下你，也不丢弃你"（申命记 31: 6 ）。"……因为耶和华你们的神与你们同去，要为你们与仇敌争战，拯救你们……"（申命记 20: 4 ）。"……我实在常与你们同在，直到世界的末了……"（马太福音 28： 20 ）。"……如果上帝支持我们，谁[或什么] ……可以反对我们？"（罗马书 8:31 NIV ）。"……我的神必照他在基督耶稣里荣耀的丰富供应一切〔你们的需要〕……"（腓立比书 4:19 NASB ）。"……荣耀的丰富是什么…… ；……基督在你们里面……"（歌罗西书 1:25 -28 KJV ）。

____

____

____

信靠上帝--保持团结的纽带

24.婴儿天生就有能力从他们的照顾者那里"得到回应"，并对他们的刺激做出"反应"。无助的婴儿信徒有什么可以回应上帝，伟大的照顾者？信心的尺度"……神已将信心的尺度赐给各人……"（罗马书 12: 3 NIV ）。

____

____

____

25.上帝赐予人类婴儿与生俱来的能力，并赐予无助的婴儿信徒信心。为什么无助的婴儿信徒需要信心？ 为了通过基督耶稣信靠他爱和关怀的所有益处，"……全心信靠耶和华……"（箴言 3: 5-6 ）。"……神……在他们里面作工……为要成就他的美意"（腓立比书 2:13 KJV ）。"……〔他们〕……可以藉着基督做一切（信靠），使〔他们〕坚强起来……」（腓立比书 4:13 KJV ）。"……住在我里面，我在你里面。枝子若不常在葡萄树中，就不能结出自己的果子，你们若不常在我里面，也不能结出自己的果子。我是葡萄树，你们是枝子；住在我里面，我在他里面，他就多结果子，因为除我以外，你们什么也不能做……"（约翰福音 15: 4-6 ）。

26.为什么无助的婴儿信徒需要全心信靠神？为了满足所有的需求，"……全心信靠耶和华……"（箴言 3: 5-6）。"……神要照他在基督耶稣里荣耀的丰富供应一切〔他们的需要〕……"（腓立比书 4:19 NASB）。

27.阿普斯特尔·保罗相信上帝会满足他的需要。他学到了什么？在他的照顾下满足、快乐、满意、放松和自在"……无论在什么情况下，我都学会了满足。我知道什么是需要，我知道什么是充足。我已经学会了在任何情况下都感到满足的秘诀，无论是饱足还是饥饿，无论是富足还是匮乏……"（腓立比书 4:11 -12 NIV）。"我可以藉着基督做一切（信靠）使我坚固的事。」（腓立比书 4:13 KJV）。

28.人类婴儿天生有能力从他们的人类照顾者那里"得到回应"。但是，如果看护者没有回应，婴儿将无法保持联系。一些统计数据显示，25-30%的婴儿没有与父母建立联系，因为照顾者没有回应他们。婴儿将体验到不安全感，并了解到他们的需求将无法得到满足。请记住，"信任能保持联系。"美国近 40-50%的婴儿在成年后会经历持续的"不信任"，因为在婴儿期缺乏来自护理人员的纽带。换句话说，在无法信任的情况下，通过在婴儿和照顾者之间做出回应、建立联系，婴儿在整个生命周期中都会为此而受苦，特别是在亲密关系中。不仅与他人建立亲密关系的能力受到阻碍，而且未来的婴儿还会遇到各种其他负面问题，这些问题会严重影响他们的整体福祉。婴儿成为一个安全、全面的个人的机会因缺乏可信赖的照顾者/婴儿纽带而消失。建立"信任"纽带是谁的角色？看护者要建立信任关系，看护者需要做些什么才能建立信任关系？通过回应性的爱来启动依恋，上帝如何与无助的婴儿信徒建立信任关系？藉着他"在基督耶稣里"牺牲爱的行为，藉着"一个灵"的依恋……但与主结合（依附）的就是一个灵"（哥林多前书 6:17 KJV）。他的"……爱……是合一的完美纽带……"（歌罗西书 3:14 NASB）。神如何与无助的婴儿保持这种信任的纽带？始终如一地回答或回应婴儿信徒的需求。"……求告我，我就应允你……"（耶利米书 33: 3 NIV）。"……在患难之日求告我，我就搭救……"（诗篇 50:15 NIV）。"……我在急难中求告耶和华，求告我的神。……他听见我的声音……"（诗篇 18; 6 NIV）。"……我用声音求告耶和华，他就应允我……"（诗篇 3: 4）。"……我在急难中求告你，因你应允我……"（诗 86: 7）。"……他们呼求以先，我必应允；他们还说话的时候，我必听……"（以赛亚书 65：24）。"……人们……你们将不再哭泣。当你哭求救时，他会多么仁慈啊！他一听见……"（以赛亚书 30:19）。"……困苦穷乏的人寻找水，却寻不着；他们的舌头干渴。但我耶和华必应允他们；我以色列的神必不丢弃他们……"（以赛亚书 41:17）。"你们呼求，耶和华必应允；你们呼求，他必说：'我在这里'……"（以赛亚书 58:9）。"……神必供应一切〔你的需要〕……根据他在基督耶稣里荣耀的丰富……"（腓立比书 4:19 NASB）。"……爱……常保守……常坚忍，〔神的〕……爱永不止息"（林前 13:4-8）。"……你当知足……神曾说：'我必不撇下你，也不丢弃你……'（希伯来书 13:5）。"……看哪，我与〔你〕同在，无论〔你〕往何处去……我必不撇下〔你〕……"（创世记 28:15 ASV）。"……你的神……必不撇下你，也不丢弃你"（申命记 31:6）。"……我实在常与你们同在，直到世界的末了……"（马太福音 28：20）。

____
____
____

29.人类婴儿也被赋予天生的能力，对人类照顾者的刺激做出"反应"。但是，如果看护者没有提示婴儿做出反应；婴儿没有任何反应，因此与看护者没有联系。在收集了成千上万婴儿的数据后，研究得出的结论是，当照顾者未能与婴儿建立联系时，通常是出于无知、贫困、压力，或者因为他们过于沉迷于自己的个人问题。因此，当照顾者没有联系时，没有人可以引发婴儿的反应，这将影响他们变得孤僻、矛盾、回避、脱离、无法适当应对和不安全。"引发回应"是谁的角色？看护者为了引起婴儿的反应，看护者必须做些什么？通过爱和关怀的行为吸引婴儿的注意力。神如何从无助的婴儿信徒那里得到回应？通过从福音的好消息中通过爱的行为吸引婴儿信徒的注意力，"……我……要吸引所有的人到我这里来……"（约翰福音 12:32 KJV）。"若不是差我来的父，没有人能到我这里来吸引他"（约翰福音 6：44）。"……我们爱，因为他先爱我们……"（约翰一书 4:19 ASV）。"这就是爱，不是我们爱神，乃是神爱我们……"（约翰一书 4:10）。"……〔并且〕……与主联合的乃是一个灵"（哥林多前书 6:17 KJV）。

____
____
____

30.照顾者有责任响应婴儿的需求并引发婴儿的反应。如果没有看护者，婴儿可以做些什么来与看护者建立联系或信任？没有上帝，无助的婴儿信徒可以做些什么来与上帝建立联系或信任上帝？没有什么为什么或为什么不呢？除了在基督里的神，我们无法与他建立任何联系。"……若不被差我来的父吸引，没有人能到我这里来……"（约翰福音 6:44）。"……若不离开我，你们就不能作什么……"（约翰福音 15：5）。"……住在我里面，我在你里面。枝子若不常在葡萄树中，就不能结出自己的果子，你们若不常在我里面，也不能结出自己的果子。我是葡萄树，你们是枝子；住在我里面，我在他里面，他就多结果子，因为除我以外，你们什么也不能做……"（约翰福音 15:4-6）。"并不是说我们有能力为自己要求任何东西，而是我们的能力来自神……。（哥林多后书 3:5 NIV）。

____

____

____

31.爱将上帝和婴儿信徒之间的关系联系在一起，但信任使他们保持在一起。人类照顾者/婴儿债券也是如此。照顾者有责任与婴儿建立信任，在婴儿内部建立信任，并在自己和婴儿之间建立信任。婴儿只需对信任负责。但是，如果婴儿不信任看护者，会发生什么？当亚当和夏娃不再相信上帝时，他们在肉体上无法生存？他们在属灵上不能存活，"……园中各样树上的果子，你可以随意吃；只是分辨善恶的树上的果子，你不可吃，因为你吃的日子必定死……"（创世记 2:16 -17）。"……那蛇（撒但）比耶和华神所造的田野一切的走兽更狡猾，就对妇人说：'耶和华岂不是说，园中各样树上的果子，你们都不可吃吗？妇人对蛇说，我们可以吃园中树上的果子。只是园中树上的果子，神曾说，你们不可吃，也不可摸，免得你们死。蛇对女人说，你们不一定死。因为神知道，你们吃的日子眼睛就明亮了，你们便如神能知道善恶。妇人见那棵树好作食物，眼看为美，又有一棵树能使人有智慧，就摘下树上的果子，吃了，也给了丈夫，丈夫也吃了。他们两人的眼睛都睁开了……"（创世记 3: 1-7）。"……因一个人的不服从（不信任），许多人成了罪人……"（罗马书 5:19）。"……一个罪人毁坏许多好处……"（传道书 9:18）。"……罪〔和对神的不信任〕……通过一个人进入世界……"（罗马书 5: 1 NIV）。

____

____

____

32.亚当和夏娃是否为不信靠神付出了代价？ 是的，我们称之为"原罪"，但这也是对神的品格和话语的不信任。亚当和夏娃发生了什么？ 他们被自己选择赶出安全的地方。"……于是主神将〔亚当和夏娃〕……从伊甸园中赶出去……"（创世记 3:23 NLT）。为什么？"……不听从恶人劝告的人何其有福……"（诗篇 1: 1 NIV）。"……耶和华如此说：'倚靠人的受咒诅，他从肉身汲取力量，他的心转离耶和华……"（耶利米书 17: 5）。"自信的人是愚昧人，凭智慧行事的人必得保全"（箴言 28:26）。"……但倚靠耶和华，倚靠他的人有福了……"（耶利米书 17: 7）。

____

____

____

33. "信靠"或对全能的神有信心是多么重要？缺乏信任是不尊重的标志，不可能取悦神"……没有信心，就不可能取悦……"（希伯来书 11: 6 KJV）。"……耶和华对摩西说："这百姓藐视我（藐视）要到几时呢？尽管我在他们中间行了所有的神迹，他们还会拒绝相信我多久？」（但以理书 14 ： 11）。"……你要尽心倚靠耶和华……"（箴言 3: 5-6）。根据以下经文，解释为什么？为什么不？（耶利米书 17: 7 NIV）。"……他的神圣能力赐给我们一切与生命和敬虔有关的东西，藉着他真正的知识，他以自己的荣耀和卓越召唤我们……"（彼得后书 1：3 NIV）。"……[神]……将信心的尺度赐给各人……"（罗马书 12：3 KJV）。"……凭着信心行……"（哥林多后书 5：7 KJV）。"……你必须相信，而不是怀疑……」（雅各书 1：6-8 NIV）。"……没有信心，就不能得他的喜悦……"（希伯来书 11：6 KJV）。"……义人因信有生命……"（罗马书 1:17 NLT）。"……所以选择生命……"（申命记 30:19 KJV）。"我就是生命……"（约翰福音 11:25 KJV）。"……耶稣回答说："我就是……生命……」（约翰福音 14：6）。「……我对你们所说的话就是灵，就是生命……」（约翰福音 6:63）。"……这要照你们的信心成就在你们身上……"（马太福音 9:29）。"……信靠耶和华，倚靠他的人有福了……"（耶利米书 17：7）。"……神的应许虽多，在祂里面也是如此……阿们……"（哥林多后书 1:20 NASB）。"这就是我们对他的信心，我们若照他的旨意求什么，他就听从我们……"（约翰一书 5:14）。"……你们可以奉我的名求任何事，我必成就，使子能将荣耀归给父。是的，你奉我的名向我求什么，我必成就……"（约翰福音 14:12 -14 NLT）。"……耶和华所作的美好应许……没有一个失败了；一切都应验了……"（约书亚记 21:45 NASB）。"……他赐给〔你们〕……他宝贵尊贵的应许……"（彼得后书 1：4 NASB）。"……他发出他的话，医治他们……"（诗篇 107：20）。"……只说这话，我的仆人就必痊愈……"（马太福音 8：8）。"……[我]……看守我的话来执行……"（耶利米书 1:12 NASB）。"……我口所出的话也必如此：必不徒然归向我，必成就我所喜悦的，必在我所差来的事上亨通"（以赛亚书 55：11）。"……你要尽心倚靠耶和华……"（箴言 3：5-6）。

____

____

____

34.人类护理人员如何证明他们值得信赖？尽可能满足婴儿的需求。神如何证明他是值得信赖的？通过耶稣基督回应婴儿信徒的「一切」需要，「……有像我们神的磐石（可信赖的）……」（撒母耳记上 2：2 KJV）。"……求告我，我就应允你……"（耶利米书 33：3 NIV）。"……在患难之日求告我，我就搭救……"（诗篇 50:15 NIV）。"……我在急难中求告耶和华，求告我的神。……他听见我的声音……"（诗篇 18；6 NIV）。"……我用声音求告耶和华，他就应允我……"（诗篇 3：4）。"……我在急难中求告你，因你应允我……"（诗 86:7）。"……他们呼求以先，我必应允；他们还说话的时候，我必听……"（以赛亚书 65：24）。"……人们……你们将不再哭泣。当你哭求救时，他会多么仁慈啊！他一听见……"（以赛亚书 30:19）。"……困苦穷乏的人寻找水，却寻不着；他们的舌头干渴。但我耶和华必应允他们；我以色列的神必不丢弃他们……"（以赛亚书 41:17）。"你们呼求，耶和华必应允；你们呼求，他必说：'我在这里' ……"（以赛亚书 58：9）。

____

____

____

35 说出你做了一件表明你信任神的事情？当我被解雇时，相信他会减少我们每月的抵押贷款。说出神亲自为你做的事情，证明你可以信任他？他将我的每月抵押贷款减少了数百美元。

____

____

____

36.你为什么不顺服，选择不服从神；你相信自己的方式还是自己的方式？你的解释。
当你以自己的方式相信时，你不听从或服从神，而是做你想做的任何事情"那些相信自
己的人是愚蠢的，但那些在智慧中行走的人是安全的"（箴言 28:26 NIV）。"……但我
的人民不听我的话。他们随心所欲，随心所欲……"（耶利米书 7:24 NLT）。"……但人们
回答说："不要浪费你的呼吸。我们将继续按照自己的意愿生活，顽固地追随自己的邪
恶欲望"（耶利米书 18:12 NLT）。"……以色列中没有王，各人行自己眼中看为正的事"
（士师记 21:25）。"……但我的人民不听我的话。他们继续做他们想做的事，跟随他们
邪恶心灵的顽固欲望。他们倒退而不是前进"（耶利米书 7:24 NLT）。

____

____

____

37.无论您是否愿意，您始终拥有哪些使您能够"相信或信赖上帝"的东西？信心的量度
"……〔神〕……将信心的量度赐给各人……"（罗马书 12: 3 KJV）。神的「信心的量度」是一
种恩赐。"……你有什么是神没有赐给你的？如果你所拥有的一切都是从神来的，为什
么要夸口说这不是恩赐呢？（哥林多前书 4: 7 NLT）。"从永恒到永恒，我是上帝。没
有人能从我手中夺走任何人。我所作的，无人能推翻"（以赛亚书 43:13 NLT）。

____

____

____

第 3 章

你，上帝的婴儿

"因为你们因信基督耶稣，都是神的儿女……"（加拉太书 3:26）

圣经说："……因为你们都是神的儿女，因着信基督耶稣。……」（加拉太书 3:26 KJV）。"……圣灵与我们的灵同作见证，我们是神的儿女……"（罗马书 8:16 KJV）。

课程的目的或目标：要知道，即使你在肉体中成长，当你重生时，你也会回到精神上的幼稚状态，成为神的婴儿。

课程应用：接受自己是上帝的无助、幼儿，完全依靠他来满足每一种需求，从而谦卑自己。

主题讨论：当你重生时，你成为基督耶稣里无助的婴儿信徒：起初"……神照着自己的形象造人……造男造女……"（创世记 1:27 KJV）。"……神用地上的尘土造人，将生命的气息吹在他的鼻孔里，人就成了有灵的活人……"（创世记 2: 7）。这些是人类第一次有记载的诞生，一旦神将生命的气息吹入他们的鼻孔，他们就活过来了，这就是圣灵。在这个宝贵的时刻，他们的身体和灵性都还活着。这是神最初为人类创造的设计，他们在肉体上和精神上都活着，他说，在他眼中，"……非常好……"（创世记 1：27，31）。然而，神给了亚当和甚至一条诫命："……你们不可吃分辨善恶的树上的果子，因为你们吃的时候必定死……"（创世记 2:17）。亚当和夏娃不听。"他们二人的眼睛就睁开了，知道自己是赤身露体，就把无花果叶缝在一起，给自己做衣服"（创世记 3: 7）。由于亚当的选择，全人类都成了罪人，在灵性上已经死了。"因为因一个人的悖逆，许多人成了罪人……"（罗马书 5:19）。现在"……所有人都犯了罪，亏缺了神的荣耀……」（罗马书 6:23）。亚当和夏娃"……当然……"死了，正如神所说："……你们吃的时候，也必定死……"（创世记 2:17）。他们立刻就成了属灵的死人，并立刻与神隔绝。出于这个原因，人类必须重生，并恢复到神对人类的原始设计。人类最初是在包含上帝的圣灵的情况下被创造的。没有神的圣灵，人就沦为肉体的限制，被撒但奴役。对抗撒但、邪恶的唯一力量是上帝和他的圣灵。"从肉身生的就是肉身；从圣灵生的就是灵。」（约翰福音 3: 6 KJV）。人类在精神上，精神上，身体上和经济上围绕着肉体和罪恶的局限性塑造了整个世界，因此实际上正在经历一个没有生命气息的功能失调和充满死亡的存在，这就是圣灵。就像电影一样，没有上帝，没有圣灵，人们就是行尸走肉。生命的气息赋予生命，但肉体的局限性是死亡。"〔不幸的是〕……罪的工价乃是死……"（罗马书 6:23）。但神的爱迫使他做一些事情来恢复人类最初的设计。"因为神爱世人，甚至将他的独生子赐给他们，叫一切信他的，不至灭亡，反得永生"（约翰福音 3：16）。"这就是爱，不是我们爱神，乃是神爱我们，差遣他的儿子……"（约翰一书 4:10）。"〔因此〕……基督……一劳永逸地为罪而死，为不义的人为义而死，为要使我们〔回到〕……在肉身被治死，在灵里被"活着"……"（彼得前书 3:18 NASB）。所以，

"......你们向罪也当算自己是死的，向神却当算自己是活的，藉着我们的主耶稣基督。......你们要像那些从死里复活的人......"（罗马书 6:11 -15 ）。当你「......与主联结（依附）......是一个灵」（哥林多前书 6 ： 17 ）时，你就恢复了神最初的、创造的设计和形象。通过基督耶稣，你已经成为"新造的人"。"所以若有人在基督里，他就是新造的人：旧事都过去了；看哪，万事都变成新的了......"（哥林多前书 5:17 ）。"因为在基督耶稣里，受割礼既不缺少任何东西，也不缺少未受割礼的东西，而是一个新造的人......"（加拉太书 6:15 ）。亚当曾经是"......一个活着的灵魂......"，但已经死了 "......当你们在罪中死去，在肉体未受割礼的时候，神使你们与基督一同复活。他赦免了我们所有的罪"（歌罗西书 2:13 ）。"......因此，若有人在基督里，他就是新造的人......」（哥林多前书 5 ： 17 ）。然而， "......从肉体生的就是肉体；从灵生的就是灵。不要惊讶我对你说，你必须重生......（约翰福音 3: 1-9 ）。当你出生时，身体上，你是通过母亲进入自然世界的。当你出生时，在灵性上，你通过耶稣基督进入超自然世界。你是照顾者的无助，人类的婴儿，或者你是上帝的无助，精神的婴儿。"......从肉体生的就是肉体；从灵生的就是灵。不要惊讶，我对你说，你必须重生......

重生

38.你必须"重生"吗？是的，解释一下。你必须在基督里成为一个全新的生命。"......有一个法利赛人，名叫尼哥底母，是犹太人的统治者：他晚上来见耶稣，对他说，拉比，我们知道你是从神来的教师：因为没有人能行你所行的这些神迹，除非神与他同在。耶稣回答说,我实实在在地告诉你,人若不重生,就不能看见神的国。尼哥底母对他说，人年老岂能生呢？岂能第二次进母腹而生呢？耶稣回答说，我实实在在告诉你，人若不是从水和圣灵生的，就不能进神的国。从肉身生的就是肉身；从圣灵生的就是灵。不要惊讶我对你说，你必须重生......（约翰福音 3: 1-7 ）。"从肉体生的就是肉体；从灵生的就是灵......"（约翰福音 3: 6 ）。

____
____
____

39.出生直接指向"新生命。"因此，"重生"是指重新开始生活。"因此，若有人在基督里，他就是新造的人：旧事都过去了；看哪，万事都变成新的了......"（哥林多前书 5:17 ）。"因为在基督耶稣里，受割礼既不缺少任何东西，也不缺少未受割礼的东西，而是一个新造的人......"（加拉太书 6:15 ）。你必须成为一个"新生物"，拥有新的价值观、新的情感、新的目标、新的行为，以及新的思维。"......花就是肉体......"，它在罪恶和黑暗中被塑造、塑造和调节。成为"新生物"意味着你必须与之前完全、完全或完全不同。因此，"......你们必须重生......（约翰福音 3: 1-7 ）。"......精神就是精神......"重生"并成为"新创造"并不是你能为自己做的事情。你如何才能重生并成为新造的人？ 通过接受神永恒救恩的免费恩赐，这是出于对基督耶稣的信心， "......因为你们因着恩典，因着信而得救；这不是出于你们自己，乃是神的恩赐；不是出于行为，免得人得荣耀......"（以弗所书 2: 8-9 ASV）。"......不是靠我们自己所行的义，乃是靠祂的怜悯，藉着重生的洗和圣灵的更新，拯救了我们......"（提多书 3: 5 ASV）。"......一切赞美上帝，我们主耶稣基督的父。我们重生是出于祂极大的怜悯，因为神使耶稣基督从死里复活。现在我们怀着极大的期望生活......"（彼得前书 1: 3 NLT）。"因此，若有人在基督里，他就是新造的人：旧事都过去了；看哪，万事都变成新的了......"（哥林多前书 5:17）。

____

____

____

40. "重生"被定义为"从上而生"，并伴随着成为神的儿女的方式。每个人都是天生的灵性死亡。如果他们因接受耶稣基督而得到赦免，他们就会因对基督的信心而获得新生命和重生。你如何成为"新造的人"？"相信基督，用你的口承认神使他从死里复活，你就会得救或成为新造的人"......相信主耶稣，你必得救"（使徒行传 16:31 KJV）。"......用你的口承认主耶稣，并......相信你的心，神使他从死里复活，你必得救。"（罗马书 10: 8-9 KJV）。"你们得救是本乎恩，也因着信；不是出于自己，乃是神所赐的；不是出于行为，免得有人自夸"（以弗所书 2: 8-9）。"......因此，若有人在基督里，他就是新造的人......」（哥林多前书 5 ： 17）。

____

____

____

41.当你相信耶稣是你的救主时，圣灵会通过信心将你吸引到主面前。当你祷告悔改的祷告时，你就在基督里成为一个新造的人，并在那一刻被认为是重生。每个接受祂为救主并相信祂名的人都有权成为神的儿女。"......但凡接待祂的，祂就赐给他们权柄成为神的儿女，甚至那些相信祂名的人，他们不是出于血缘，也不是出于肉体的意志，也不是出于人的意志，而是出于神......"（约翰福音 1:12 -13）。你重生了吗？是的，你是新造的人吗？是的，解释你的救赎经历。我九岁时在心中接受了基督，并重生了。

____

____

____

42 悔改的祷告使你能够接受耶稣基督为你的救主，并重生。拯救你的不是祈祷，而是对耶稣的信心，它将你从罪中拯救出来。你必须做些什么才能得救？相信、承认并接受基督为主。"......腓力说，你若全心相信，就可以。他回答说："我相信耶稣基督是神的儿子"（使徒行传 8:37）。"你若口里承认主耶稣，心里信神叫他从死里复活，你就必得救。因为人心里相信义，口里承认救恩"（罗马书 10 ： 9-10）。"如果你公开宣称耶稣是主，并相信神使他从死里复活，你就会得救。因为你心里相信，你就与神和好，并且公开宣告你的信心，你就得救了"（罗马书 10: 9-10 NLT）。"凡接待他的，就赐给他们权柄，叫他们作神的儿子，就是信他名的人"（约翰福音 1 ： 12）。

无助，基督的婴儿信徒

43.最初记录的出生是神"......按照自己的形象造人......男女......"，神说他们的出生"......非常好......"（创世记 1:27,31 KJV）。他们"......极其可畏，......极其奇妙......"（诗篇 139:14）。尤其是在"......他把生命的气息吹进......他们的鼻孔，〔他们〕......成了活人......"（创世记 2: 7 NLT）之后。人类什么时候变成了"一个活生生的人？"在神将生命的气息吹入他们的鼻孔之后，什么是"生命的气息？"圣灵

44.亚当和夏娃都是"......一个活生生的人。然而，神告诉他们，如果他们吃了善恶知识树上的果子，他们必定死。"......你们不可吃善恶知识树上的果子，因为你们吃那树上的果子，必定死"（创世记 2:17）。既然亚当和夏娃仍然活着，他们的死亡是属灵的吗？是的，这是一种精神上的死亡

45.谁是神的儿女？那些因信接待他为救主的人"凡接待他的，就赐给他们权柄，叫他们作神的儿子，就是信他名的人"（约翰福音 1：12）。"...... 那些出生在神家里的人不会犯罪，因为神的生命就在他们里面。所以他们不能继续犯罪，因为他们是神的儿女。所以现在我们可以分辨谁是神的儿女，谁是魔鬼的儿女。......（约翰一书 3: 9-10 NLT）。"......因为你们都是神的儿女，因着信基督耶稣......"（加拉太书 3:26 NLT）。"......地和其中的一切都属耶和华。世界和万民都属他......"（诗篇 24：1）。"......肉身所生的〔然而〕......他们不是神的儿女；惟独那应许的儿女才算是后裔......"（罗马书 9：8）。

46.神在基督耶稣里供应他孩子（无助的婴儿信徒）的需要。他供应哪些需求？他们的所有需求（临时和永久或精神和自然）。"......我的神必照他在基督耶稣里荣耀的丰富供应一切〔我的需要〕......"（腓立比书 4:19 NASB）。"......荣耀的丰富是什么......；......基督在你们里面......"（歌罗西书 1:25 -28 KJV）。解释。"......不要思想，说，我们吃什么呢？或说，我们喝什么呢？或说，我们该穿什么呢？......你们的天父知道你们需要这一切......"（马太福音 6 章）。"......神会慷慨地提供你需要的一切。然后，你将永远拥有你需要的一切，还有很多东西可以与他人分享......"（哥林多后书 9: 8 NLT）。"耶和华是

我的牧者，我必不至缺乏......"（诗篇 23 篇）。"......你们的天父知道你们需要这一切......"
（马太福音 6 章）。

____

____

____

47.上帝向无助的婴儿信徒提供爱吗？是的，"......神爱世人，甚至将他的独生子赐给他
们，叫一切信他的，不至灭亡，反得永生"（约翰福音 3：16）。"这里是爱，不是我
们爱神，而是祂爱我们，差遣祂的儿子为我们的罪作挽回祭（替代、干预）。」（约翰
一书 4:10 KJV）。解释。他通过儿子传递了他的爱。神就是爱。祂的爱是忠信、持久、仁
慈、充满恩典、永恒和不朽的"......神就是爱......"（约翰一书 4:8）。"爱是耐心，爱是善
良。它不嫉妒，它不夸耀，它不骄傲。不羞辱别人，不追求私利，不轻易被激怒，不
做错事记录。爱不以恶为乐，而以真理为乐。它始终保护，始终信任，始终希望，始
终坚持，爱永不落空......」（哥林多前书 13: 4-8 JCB）。"......〔上帝〕......用永恒的爱爱
〔你〕......（耶利米书 31: 3 KJV）。"......死亡、生命、天使、君王、现今的事物、将来的事物、
能力、高度、深度或任何其他受造之物，都不能使〔你们〕......脱离神在我们主基督耶稣里
的爱"（罗马书 8:38 -39 KJV）。"......耶和华对〔你们〕的忠心之爱永不止息......！」（耶
利米哀歌 3：22-23）。"......他忠诚的爱永远长存。感谢万神之神......他的慈爱永远长
存......他的慈爱永远长存......"（诗篇 136: 1-3）。47. "......爱......方式保护，......始终坚持，
爱永不落空......」（哥林多前书 13: 4-8 JCB）。

____

____

____

48.上帝为无助的婴儿信徒提供情感支持？信靠神使信徒保持平静、安宁、知足、平安
"......你必保守他完全平安，因为他信靠你......"（以赛亚书 26: 3）。"耶和华是我的牧者，
我必不至缺乏。他使我躺卧在青草地上，领我到静水旁。他使我的灵魂苏醒；他为自
己的名引导我走义路。我虽然行过死荫的幽谷，也不怕遭害，因为你与我同在，你的
杖，你的杖，都安慰我......"（诗篇 23 篇）。"......我[学会] ......无论在什么情况下都要知
足......"（腓立比书 4:11 -12 NIV）。"......耶和华的律法是完全的，能使人复原；耶和华
的见证是确实的，能使愚人有智慧。耶和华的训词是正直的，使人心喜乐；耶和华的
命令洁净，使人眼目明亮。......"（诗篇 19: 7-11 NASB）。解释。"......我的神必供应一切
〔你的需要〕......"（腓立比书 4:19 NASB）。"......神关心你们......（彼得前书 5: 7 KJV）。
"全心信靠耶和华，不要依靠自己的洞察力（理解力）。在你一切所行的事上都要认他，
他必指引你的路......"（箴言 3: 5-6）。"善人的脚步，是耶和华所吩咐的；他的道，也
是他所喜爱的"（诗 37:23）。

____

____

____

49.上帝为无助的婴儿信徒提供保护？解释。信靠神能使信徒平安无事"......耶和华是我的光，是我的拯救；我当惧怕谁呢？耶和华是我生命的保障；我当惧怕谁呢？"（诗篇27: 1 NASB）。"......你们要刚强壮胆，不要怕他们，也不要惊惶，因为耶和华你们的神是与你们同行的。祂不会辜负你，也不会抛弃你......"（《圣经》31: 6）。"......永恒的神是你的避难所，祂永恒的膀臂在你以下......"（《圣经》33:27）。"......耶和华也是受欺压者的堡垒，是患难时的堡垒；认识你名的人必信靠你，因为耶和华啊，你没有抛弃那些寻求你的人......"（《诗篇》9: 9-10）。"......因为你是我藏身之处；你保护我脱离患难......"（诗篇32: 7）。"......我寻求耶和华，他就应允我，救我脱离一切的恐惧......。"（诗篇34: 4）"......耶和华说：'我必拯救爱我的人。我要保护那些信靠我名的人......"（诗篇91:14）。"......耶和华的名是坚固的塔：义人奔入，便得平安......"（诗篇18:10）。"......但凡倚靠耶和华的必得平安......"（箴言29:25）。"......耶和华必保护你，免受一切的伤害；他必保护你的性命......"（诗篇121: 7 NASB）。

50.上帝为无助的婴儿信徒提供亲密吗？信靠神使信徒靠近神"......耶和华啊，你近了......"（诗篇119: 151）。"......凡求告耶和华的，耶和华都与他相近......"（诗篇145: 18）。"......耶和华说：'我岂是亲近的神，不是远离的神吗？」（耶利米书23:23）。"......当然，他离我们任何一个人都不远......（使徒行传17:27）。"我们每次向耶和华我们的神祷告的时候，耶和华我们的神就在我们身边，还有哪一国如此伟大，以致他们的神临近他们呢？"（申命记4: 7 NIV）。"......你所拣选、所亲近的，何其有福......"（诗篇65: 4）。解释。"......但对我来说，靠近上帝是件好事。我以主耶和华为我的避难所，我要述说你一切的作为......"（诗73:28）。"但那与主紧密相连的，就是〔与神〕合一的灵......"（哥林多前书6:17）。

51.上帝曾经离开过无助的婴儿信徒吗？没有神应许永远不会离开或抛弃婴儿信徒"......我永远不会离开你，也不会抛弃你。好叫我们放胆说，耶和华是帮助我的，我必不怕人怎样待我......"（希伯来书13: 5-6）。"......我必引导瞎子走他们不认识的路，我必引导他们走"陌生"的路；我必使黑暗在他们面前变为光明，使崎岖不平的地方平坦。这就是我要做的事；我不会抛弃他们......"（以赛亚书42:16 NIV）。"......满足于你所拥有的，因为神说："......我永远不会离开你；我永远不会抛弃你......"（希伯来书13: 5 NIV）。看哪，我与〔你〕同在，无论〔你〕〔你〕去哪里，我都会保留〔你〕......因为我不会离开〔你〕......。"（创世记28:15 ASV）。"你要刚强壮胆，不要惧怕，也不要惧怕他们；因为耶和华你的神与你同去；他必不撇下你，也不丢弃你......"（申命记31: 6 KJV）。为什

么或者为什么不呢？"耶稣基督昨日今日永永远远是一样的……"（希伯来书 13：8）。
"……我是耶和华，我不改变……"（玛拉基书 3：6 KJV）。

____
____
____

52.上帝会信守他对无助的婴儿信徒所做的一切承诺吗？神信守祂所作的每一个应许，
没有失败，"……因为神的应许有多少，在祂里面就有多少……是……也是……阿们……"
（哥林多后书 1：2 NASB）。"……耶和华向以色列家所作的美好应许没有一个失败；一
切都应验了……"（约书亚记 21:45）。"……他赐给我们宝贵尊贵的应许……"（彼得后书
1：4 NASB）。"……他的信实应许是你的盔甲和保护……"（诗篇 91：4 NLT）。神说，我
"……正在谨慎遵行我的话……"（耶利米书 1:12 NASB）。"……我口所出的话也必如此：
必不徒然归向我，必成就我所喜悦的，必在我所差来的事上亨通"（以赛亚书 55：
11）。解释。"藉此赐给我们极大宝贵的荣耀：使你们得以与神性同分……"（彼得后书
1：4-9 KJV）。"……亲爱的弟兄啊，我们既有这些应许，就当洁净自己，脱离肉体和灵
魂的一切污秽……"（哥林多后书 7：1 KJV）。"……因为神的应许有多少，在祂里面都是
是的……也……阿们……"（哥林多后书 1：2 NASB）。

____
____
____

53.无助的婴儿信徒能信靠神吗？没有什么比神更值得信赖的了。"……我们神的话必永
远立定……"（以赛亚书 40：8）。"……耶和华的吩咐是完全的，能使人复活。耶和华
的律例是可信的，使愚蒙人有智慧……"（诗 19：7）。"……他所做的一切都是公义和良
善的，他的一切诫命都是可信靠的……。」（诗篇 111：7 NLT）。"……你的一切命令都是
可信靠的……"（诗篇 119：86）。"……你的律法是完全的，是完全可信靠的……"（诗篇
119：138 NLT）。"……这盼望是我们灵魂坚固可靠的锚……"（希伯来书 6:19）。"凡你
所听见所看见的，都是可信靠的，是真实的……"（启示录 22：6 NLT）。神说，我"……
正在谨慎遵行我的话……"（耶利米书 1:12 NASB）。"……我口所出的话也必如此：它不
会空虚地回到我身边，但它将完成我所喜悦的，它将在我发送它的东西上繁荣昌盛……"
（以赛亚书 55:11 KJV）。

____
____
____

54.无助的婴儿信徒总是相信上帝吗？没有为什么或为什么没有？他们不听从或不信靠
神，做他们想做的事，而不是神要他们做的事"……但我的人民不听我的话。他们继续做
他们想做的事，跟随他们邪恶心灵的顽固欲望。他们倒退而不是前进"（耶利米书 7:24
NLT）。"……以色列中没有王：各人行自己眼中看为正的事"（士师记 21:25 KJV）。"但
人们回答说："不要浪费你的呼吸。我们将继续按照自己的意愿生活，顽固地追随自己

的邪恶欲望"（耶利米书 18:12 NLT）。"......你们查考圣经，是因为你们认为你们在圣经中有永生；正是这些人为我作见证；你们不愿意到我这里来得生命......。」（马可福音 5：39-40）。"......我已将生死、祝福和咒诅摆在你们面前，所以你们要拣选生命，使你和你的后裔都能存活"（申命记 30：19）。"......他们随心所欲，随心所欲......"（耶利米书 7:24 NLT）。

____

____

____

55.如果无助的婴儿信徒不相信上帝，他们会发生什么？他们处于危险之中，离开神的安全方舟"......耶和华会保护你免受一切的伤害；他会保护你的生命......"（诗篇 121:7）。"......除了我，你什么也做不了......"（约翰福音 15: 5 NIV）。"......保持警惕。魔鬼随时准备扑过来，只想抓住你打盹。保持警惕......"（彼得前书 5: 8-11）。"要谨慎，要警醒；因为你们的敌人魔鬼，像吼叫的狮子，四处走动，寻找他可以吞吃的人......"（彼得前书 5：8-11）。"......小心你的大敌撒旦的攻击。他像饥饿、咆哮的狮子一样四处徘徊，寻找一些受害者来撕裂......"（彼得前书 5: 8 NLT）。魔鬼正在等待机会"......偷窃、杀戮、毁灭......"你（约翰福音 10:10 KJV）。

____

____

____

56.无助的婴儿信徒应该如何信靠神？他们应该全心全意地信靠神，不要怀疑。信靠神是一种祝福"......全心信靠主，不要依靠自己的洞察力（理解力）。在你一切所行的事上都要认他，他必指引你的路"（箴言 3: 5-6）。"......神将信心的尺度赐给各人......"（罗马书 12:3 NIV）。"......凭着信心行......"（哥林多后书 5: 7 KJV）。"......你必须相信，而不是怀疑......」（雅各书 1: 6-8 NIV）。"......义人因信得生......"（罗马书 1:17 NLT）。"......这要照你们的信心成就在你们身上......"（马太福音 9:29）。"......信靠耶和华，倚靠他的人有福了......"（耶利米书 17: 7）。

____

____

____

第 4 章

对于亲密关系至关重要的需求

"......我必供应你们一切所需......"（腓立比书 4:19 KJV）。

经文："但我的神必因基督耶稣的荣耀，照他的丰富供应你们一切所需......"（腓立比书 4:19 KJV）。

课程的目的或目标：学习实用和适用的方法，认识到神在自然和灵性方面为你提供的供应

课程应用：实践符合神临时真理的圣经原则。

主题讨论：了解神对自然/暂时需求和永恒/永恒需求的供应：满足暂时需求的奉献不仅限于什一奉献和奉献。当你为他人提供自然/临时需求时，上帝承诺互惠。保罗有需要，特别是自从他被囚禁以来，腓立比人通过圣灵的指引，集体满足了他的需要。保罗是腓立比人施舍"恩赐"的接受者。保罗和腓立比人也彼此相爱。腓立比人没有出于宗教责任，或出于炫耀，或出于接受神的动机，而是因为他们深深地关心保罗，并希望真正帮助他。神看着赐予者的心，当他们的赐予是无私的并以仁慈的态度被赋予时，他的祝福会充满和丰富地回到他们身上。"各人心里所想的，就任他施舍，不要勉强，也不要勉强，因为神喜爱喜乐的施舍者"（哥林多后书 9：7）。当你不担心自己的供应时，你可以慷慨地施舍，没有自私的动机。上帝是你的提供者！耶和华耶利米是你的提供者！！因此，你可以放心，「……神会慷慨地供应一切〔我〕……需要的……〔太〕。〔因此，我〕……将永远拥有〔我〕……所需的一切，并有足够的剩余与他人分享"（哥林多后书 9：8 NLT）。

耶稣告诉他的门徒，关于暂时的需要，"……不要思想你们的生命，吃什么，喝什么；也不要思想你们的身体，穿什么……"此外，"……空中的飞鸟……不要耕种，也不要收割，也不要聚集在谷仓里；然而你们的天父喂养他们……"因此，"……你们这小信的人哪，神若这样给田野的草披上衣服，就是今天和明天被扔在炉子里的，岂不多给你们穿上衣服吗？"你们不要思想，说我们吃什么呢？喝什么呢？穿什么呢？""……你们的天父知道你们需要这一切……""你们要先求神的国和他的义；这一切都要加给你们。""……所以不要思想明天，因为明天要思想自己，因为明天的灾祸就够了。」（马太福音 6：25-34）。此外，还有属灵的需要，这些是永恒的需要（恩典、怜悯、宽恕等），它们可能被认为对神是必不可少的。神是圣灵，因此，在你生活的许多情况下，永恒的需求往往优先于其他需求。当神谈到满足你的需要时，他指的是持续的、日常的、永恒的（永恒的）需要和自然的（暂时的）需要。底线是，神藉着保罗应许"……〔祂〕要照他在基督耶稣里荣耀的丰富，供应你们一切的〔需要〕"（腓立比书 4:19 NASB）。

你们有永恒的需要，"……你们的天父已经知道你们一切的需要……"（马太福音 6:32 NLT）。"……神会慷慨地提供你需要的一切。然后，你将永远拥有你需要的一切，还有很多东西可以与他人分享……"（哥林多后书 9：8 NLT）。"耶和华是我的牧者，我必不至缺乏。他使我躺卧在青草地上，领我到平静的水边。他使我的灵魂苏醒；他为自己的名引导我走义路……"（诗篇 23 篇）。"……〔他〕要照他在基督耶稣里荣耀的丰富供应一切〔你们的需要〕（腓立比书 4:19）。

临时需求

57.保罗引用腓立比书 4:19 作为对腓立比教会慷慨施舍的回应？什么是施舍？给有需要的人，无论是谁，此时需要什么。穷人并不总是穷人，给予并不总是金钱。施舍包括给予爱、善良、友谊、恩典、宽恕等；

____

____

____

58.当你给了我的一个孩子、兄弟、姐妹等时，神会说；"……你对我做了……"（马太福音 25 ： 40 KJV）。解释。上帝和他的孩子是"一体的"，当你给他的一个孩子时，你实际上已经给了他。58. "[当时] ……我饿了，你给我吃的，我渴了，你给我喝的，我是一个陌生人，你邀请我进来，我需要衣服，你给我穿衣服，我生病了，你照顾我，我在监狱里，你来看我。主啊，义人必回答他，我们什么时候看见你饿了，给你吃，给你渴了，给你喝？我们什么时候见过你这个陌生人，邀请你进去，或者需要衣服，或者在监狱里去拜访你？……无论你为我这些弟兄姊妹中最小的一个做了什么，你都为我做了……"（马太福音 25:35 -41 KJV）。

____

____

____

59.先前的经文谈到满足饥饿、口渴、衣服和疾病的需要，神说："……你为我这些弟兄姊妹中最小的一个所做的一切，都是为我做的……"（马太福音 25:35 -41 KJV）。这里没有提到钱。"……无论你做什么……你都为我做了……"（马太福音 25:35 -41）。腓立比人奉献是为了满足对神的一个子民或孩子的需要，使徒保罗。他们不只是给了使徒保罗，而是把他们的施舍给了全能的神，祂通过耶稣说："……你为我做了……"（马太福音 25:35 -41 KJV）。使徒如何说神会因他们慷慨的施舍而奖赏他们？"……根据他的财富……"神的财富是他所拥有的取之不尽、永无止境、丰盛的丰富，他拥有整个世界。祂的荣耀就是祂的"一切"，祂的一切……都在基督耶稣里。因此，当他说"……根据他的"财富……"在基督里……基督是神传授或供应你的需要的方式。这些需求将取决于他拥有什么以及他是谁。换句话说，神赐给你"……根据他的财富……"而不是根据你的。这就是为什么神说，"……赐予，它将被赐给你，一个很好的措施，压下来，摇晃在一起，跑过去，将被倒在你的大腿上。因为用你们所用的量器，可以量给你们……"（路加福音 6:38）"……按着他的财富……"

____

____

____

60.神使用普通人来满足你的暂时需求。。"因为神在〔祂的百姓中〕作工，……立志行事，为要成就祂的美意"（腓立比书 2:13）。你总是可以通过"……彼此相爱……"（约翰福音

13:35 KJV）的方式来认出神的门徒。为什么腓立比人通过施舍来满足保罗的需要？他们爱他，看到他有一些需要。

____

____

____

61.根据"……他荣耀的丰富，就是在基督耶稣里……"（腓立比书 4:19 KJV），神"完全"和"丰盛"地供应了腓立比人的需要。这是否意味着，当你给予别人暂时/临时的需求时，在圣灵的带领下，上帝会慷慨地回报你？是的，"……根据他在基督耶稣里荣耀的丰富吗？"什么是神的荣耀？祂的一切，祂所拥有的一切，祂所有的圣洁，以及祂控制我的一切观点：神的荣耀是祂一切丰盛的良善、真实、临在和本质，我们毫无疑问地知道，"……全地都充满了……祂的荣耀"（以赛亚书 6：3）。"这城不需要太阳，也不需要月亮，因为神的荣耀照亮了城，羔羊就是城的光"（启示录 21：23）。"……摩西说：'现在求你将你的荣耀彰显给我看。'……耶和华说："我要将我的一切恩惠传给你们，在你们面前传扬我的名，就是耶和华。……但是，"他说，"你不能看见我的脸，因为没有人能看见我而活着。耶和华说："在我附近有一个地方，你可以站在磐石上。当我的荣耀经过时，我会……用我的手遮住你，直到我经过。我就收回我的手，你也必看见我的背，却不得见我的面"（出埃及记 33:16 -23）。神的荣耀是如此光辉，"……没有人能看见〔祂〕……而活着……"（出埃及记 33：16-23）。"我的灵魂啊，赞美耶和华！耶和华我的神啊，你本为至大；你披戴荣耀和威严，披戴光明，如披戴外衣……"（诗篇 104: 1-2）。"……没有像你的……"（耶利米书 10: 6 KJV）。"……他的光辉如同阳光；他的手中闪烁着光芒……"（哈巴谷书 3: 4.NASB）。

____

____

____

永久需求

62.上帝是精神，他是你的精神父亲和照顾者。他始终确切地知道您的需求，并忠实地满足这些需求。"主啊，你已经搜查了我，你认识我。你知道我什么时候坐下，什么时候起床；你从远处感知我的思想。你辨明我的出入和躺卧；你熟悉我的一切道路……"（诗篇 139: 1-3）。您是否相信上帝比您更清楚您的需求？是的，解释上帝比我更了解我自己。我并不总是做出正确的决定，我的许多需求都没有得到满足。

____

____

____

63 永恒/永恒的需求是你每天都需要的东西，而临时/暂时的需求是你每天都需要的东西。定义永恒。持续，永无止境。永恒

____

____

____

64.每天都需要恩典。恩典是神不值得的恩典，这意味着神不会按照你对他的罪来对待你。恩典是将神的慈爱延伸到不朽的人身上。"恩典"是永恒的/永恒的需要吗？是，为什么或为什么不？我最常错过这个标记。我并不总是满足神公义的要求，但当我学会走在祂的道路上时，祂的恩典会一直保持下去。你的行为或内心虽然得救，但并不是每天都能保持神公义的标准。为什么或者为什么不呢？我每天都信靠神，使我能行在义中，因为没有祂，我做不到。但是，有时候我会尝试失败。我每天都需要神的恩典"如经上所记，没有义人，连一个也没有"（罗马书 3:10 KJV）。"因为在地上没有一个义人行善而不犯罪"（传道书 7:20）。"......问题在我身上，因为我太人性化了，......[曾经的奴隶]不会犯罪。我真的不了解自己，因为我想做对的事，但我不做......我想做对的事，但我做不到。我想做好事，但我不想。我不想做错事，但无论如何我都会做。我已经发现了这条生活原则--当我想（愿意）做正确的事情时，我不可避免地会做错事。我[是]......[以前的奴隶]......罪......"（罗马书 7:14 -25 NLT）。"......在我们的主和救主耶稣基督的恩典和知识中成长......"（马太福音 23:27 -28 KJV）。"......我的恩典够你用的，因为我的能力在软弱中得以完全......"（林后 12:9）。"......如经上所记，没有义人，连一个也没有"（罗马书 3：10）。"因为在地上没有一个义人行善而不犯罪"（传道书 7:20）。"......我们若自称没有罪，就是自欺，真理不在我们心里......"（约翰一书 1:8）。"我们若认自己的罪，神是信实的，是公义的，要赦免我们的罪，洁净我们脱离一切不义"（约翰一书 1:9）。"......在那里罪恶增多，恩典更增多......"（罗马书 5:20 NASB）。"......他赐予更多的恩典......」（雅各书 4:6）。"......我的恩典够你用的......"（哥林多后书 12:9）

____

____

____

65.每天都需要仁慈，尤其是当你应该受到惩罚和审判时，但神的慈爱却会拯救你。怜悯是上帝拯救那些真正应得的人从惩罚中解脱出来。即使你是有罪的，上帝的怜悯也会阻止惩罚。"怜悯"是永恒的/永恒的需要吗？是，为什么或为什么不？我渴望走得正确，我被赐予了圣灵，使我能够走得正确，但我经常错过这个标记。我每天都需要上帝的怜悯。虽然得救了，但你的行为或内心并不每天都符合神的圣洁标准。"如经上所记，没有义人，连一个也没有"（罗马书 3:10）。"因为在地上没有一个义人行善而不犯罪"（传道书 7:20）。"......问题在我身上，因为我太人性化了，......[曾经的奴隶]不会犯罪。我真的不了解自己，因为我想做对的事，但我不做......我想做对的事，但我做不到。我想做好事，但我不想。我不想做错事，但无论如何我都会做。我已经发现了这条生活原则--当我想（愿意）做正确的事情时，我不可避免地会做错事。我[是]......[以前的奴隶]......罪......"（罗马书 7:14 -25 NLT）。"......没有义人，连一个也没有"（罗马书 3:10 KJV）。"因为在地上没有一个义人行善而不犯罪"（传道书 7:20）。"......神啊，求你因你的慈爱怜悯我。因你极大的怜悯，涂抹我罪的污点。洗净我的愧疚。洁净我脱离我的罪……（诗篇 51:12 NLT）。"……有谁像你一样是神，是那不义的主宰，因他产业中剩下的人的过犯而去世呢？他永不发怒，因为他怜悯地赦免……。」（弥迦书 7：18）。"……耶和华啊，你的爱是奇妙的。求你眷顾我，因为你的慈爱是丰盛的……"（诗篇 69:16）。"……因为你耶和华本为善，乐意饶恕人；凡求告你的，都蒙丰盛的怜悯……"（诗篇 86: 5）。"……因为你对我的慈爱极大……"（诗篇 86:13）。"……耶和华啊，你是怜悯和怜悯的神，不轻易发怒，满有慈爱和诚实……"（诗篇 86：15）。"……他的慈爱永远长存……"（诗篇 100: 5）。"……耶和华的慈爱从亘古到永远……"（诗篇 103:17）。"……他的慈爱永远长存……"（诗篇 106: 1）。"……因为他的慈爱永远长存"（历代志上 16:34）。"……慈悲战胜审判。」（雅各书 2:13 NASB）。"……出于耶和华的怜悯，我们不至灭亡，因为他的怜悯不致消失。每早晨，这都是新的；你的诚实极其广大！」（哀 3:22 -23）

66.每天都需要上帝的原谅。祂赦免了你们对祂的许多罪行和过犯，无论是已知的还是未知的，抹去它们，不再记念它们。上帝给了你一张干净的石板。"宽恕"是一种永恒/永恒的需求吗？是，为什么或为什么不？我并不总是意识到我对上帝犯下的许多罪行。我知道的罪我可以请求宽恕，但我不知道他的爱的罪无论如何都会掩盖。我每天都需要神的爱，即使我虽然得救，却没有意识到这一点，你的行为和内心的想法经常或每天都不符合神对已知和未知罪的公义标准。"如经上所记，没有义人，连一个也没有"（罗马书 3:10）。"因为在地上没有一个义人行善而不犯罪"（传道书 7:20）。"……问题在我身上，因为我太人性化了…… [曾经的奴隶]不会犯罪。我真的不了解自己，因为我想做对的事，但我不做……我想做对的事，但我做不到。我想做好事，但我不想。我不想做错事，但无论如何我都会做。我已经发现了这条生活原则--当我想（愿意）做正确的事情时，我不可避免地会做错事。我[是] …… [以前的奴隶] ……罪……"（罗马书 7:14 -25 NLT）。然而〔圣神〕……惟独我得罪了你，在你眼前行了这恶……"（诗篇 51:4）。"……儿子对他说：'父啊，我……在你眼前犯了罪，不再配称为你的儿子……。」（路加福音 15：21）。扫罗对撒母耳说："我犯了罪，因为我违背了耶和华的诫命，违背了你的话，因为我惧怕百姓，听从他们的话。」（撒母耳记上 15：24）。"……大卫对拿单说，我得罪了耶和华。拿单对大卫说："耶和华也除掉你的罪，你必不至于死。」（撒母耳记下 12:13）。"……我们若认自己的罪，神是信实的，是公义的，必要赦免我们的罪，洗净我们一切的不义"（约翰一书 1:9）。

67.每天都需要怜悯，特别是当你试图在正义和圣洁中行走，但不断跌倒和绊倒时。"耐心"是一种永久/永恒的需求吗？是，为什么或为什么不？这就像开始走路一样；我可

能会摔倒很多次，在学习过程中需要别人的耐心。我每天都需要神的耐心，因为我学会在他面前直立行走，尽管得救、活出圣洁和公义是一个成长和发展的过程，你在许多方面经常或每天都会绊倒。"……虽然他可能会绊倒，但他不会跌倒，因为耶和华用手扶持他……"（诗篇 37: 24 NIV）。"如经上所记，没有义人，连一个也没有"（罗马书 3:10）。"因为在地上没有一个义人行善而不犯罪"（传道书 7:20）。"……问题在我身上，因为我太人性化了…… [曾经的奴隶]不会犯罪。我真的不了解自己，因为我想做对的事，但我不做……我想做对的事，但我做不到。我想做好事，但我不想。我不想做错事，但无论如何我都会做。我已经发现了这条生活原则--当我想（愿意）做正确的事情时，我不可避免地会做错事。我[是] …… [以前的奴隶] ……罪…… "（罗马书 7:14 -25 NLT）。"……耶和华不轻易发怒，有丰盛的慈爱，赦免罪孽和过犯……"（民数记 14:18）。"……主，主神，有怜悯，有恩典，不轻易发怒，有丰盛的慈爱和真理……"（出埃及记 34: 6）。"……但是他们，我们的祖宗，行事狂妄，顽固不化，不听从你的命令。他们不肯听从，也不记念你在他们中间所行的奇妙事；他们就顽固起来，立一个领袖回到埃及作奴仆，但你是饶恕的神，有恩典，有怜悯，不轻易发怒，有丰盛的慈爱，你没有离弃他们…… "（尼希米记 9:16 -17 NASB）。"……耶和华啊，祢是怜悯仁慈的神，不轻易发怒，充满慈爱和真理……。"（诗篇 86:15 NASB）。"……耶和华有怜悯，有恩典，不轻易发怒，有丰盛的慈爱……。"（诗篇 103: 8 NASB）。"……耶和华有恩典，有怜悯；不轻易发怒，大有慈爱……。"（诗篇 145: 8 NASB）。"……他们曾经悖逆，在挪亚时代，在方舟建造过程中，神的耐心一直在等待，其中有少数人，即八个人，被安全地带到水中……"（彼得前书 3:20）。"你却忍耐他们多年，用你的灵藉你的先知劝戒他们，他们却不肯听从。所以你将他们交在列国的民手中。"然而，你大发怜悯，没有灭绝他们，也没有离弃他们，因为你是有恩典、有怜悯的神……。」（尼希米记 9 ： 30-31 NASB）。"……还是你轻视祂的仁慈、宽容和耐心的丰富，不知道神的仁慈会引导你悔改？"（罗马书 2: 4 NASB）。"……主对祂的应许并不像有些人认为的那样迟缓，而是对你们有耐心，不希望任何人灭亡，而是希望所有人都悔改……"（彼得后书 3: 9 NASB）。

68.每天都需要神的荣耀，特别是当你试图在某个地区行走在公义和圣洁中时，但你不能，日子、周、月、年都会过去。"长期忍受"是一种永久/永恒的需求吗？是，为什么或为什么不？有些罪需要几天、几周、几个月或几年的时间来克服，只有一个长期忍受痛苦的人才能或会忍受另一个人长途跋涉的罪恶行为。我需要神在我生命的某些方面与我同在，"如经上所记，没有义人，没有，连一个也没有"（罗马书 3:10 KJV）。"因为在地上没有一个义人行善而不犯罪"（传道书 7:20）。"……问题在我身上，因为我太人性化了，…… [曾经的奴隶]不会犯罪。我真的不了解自己，因为我想做对的事，但我不做……我想做对的事，但我做不到。我想做好事，但我不想。我不想做错事，但无论如

何我都会做。我已经发现了这条生活原则--当我想（愿意）做正确的事情时，我不可避免地会做错事。我[是]……[以前的奴隶]……罪……"（罗马书 7:14 -25 NLT）。"……但圣灵的果子是爱、喜乐、平安、忍耐、温柔、良善、信实、温柔、节制……"（加拉太书 5：22-23）。"……主，主神，有怜悯，有恩典，忍耐，有丰盛的良善和诚实……"（出埃及记 34: 6 KJV）。"耶和华忍耐，大有怜悯……"（民数记 14:18）。"还是你藐视他丰富的恩慈、宽容、忍耐，不晓得神的恩慈是领你悔改呢？"（罗马书 2: 4 KJV）。"神的忍耐在挪亚的日子等候……"（彼得前书 1:20 KJV）。"耶和华向我们并不懈怠……乃是忍耐……"（彼得后书 3: 9 KJV）。"……我们主的忍耐就是救恩……"（彼得后书 3:15 KJV）。"……但我的人民不听我的话。他们随心所欲，随心所欲……"（耶利米书 7:24 NLT）。然而，"……主不是懈怠……而是向我们忍耐……"（彼得后书 3: 9 KJV）。"……不愿有人灭亡，乃愿人人都悔改……"（彼得后书 3: 9）。

69.每天都需要神的爱，以维持对接受者的恩典、怜悯、宽恕、耐心和忍耐。"敬虔的爱"是永恒的/永恒的需要吗？是，为什么或为什么不？神的爱使我团结在一起，与他的恩典、怜悯、耐心、忍耐和许多其他的应许结合在一起，"……在他（基督）里……万物都结合在一起……"（歌罗西书 1:17 NIV）。"……愿主引导你们的心进入神的爱和基督的坚定……（帖撒罗尼迦后书 3: 5 NASB）。69. "……神爱世人，甚至将他的独生子赐给他们，叫一切信他的，不至灭亡，反得永生"（约翰福音 3：16）。"这里是爱，不是我们爱神，而是祂爱我们，差遣祂的儿子为我们的罪作挽回祭（替代、干预）。"（约翰一书 4:10 KJV）。"……爱是耐心……[上帝的]……爱是仁慈的。它不嫉妒，它不夸耀，它不骄傲。不羞辱别人，不追求私利，不轻易被激怒，不做错事记录。〔神的〕……爱不以恶为乐，却以真理为乐。它总是保护、始终信任、始终希望、始终坚持，[神的]……爱永不止息……"（哥林多前书 13: 4-8）。"……死亡、生命、天使、君主、在世之物、将来之事、能力、高度、深度、或任何其他受造之物，都不能将〔你〕……与"在我们主基督耶稣里"的神的爱隔绝开来……"（罗马书 8:38 -39 KJV）。这可能看起来不像，但"……主的忠诚之爱，〔对你〕来说，永无止境……！」（耶利米哀歌 3：22-23）。"……他忠诚的爱永远长存。感谢万神之神……祂的慈爱永远长存……祂的慈爱永远长存……"（诗篇 136: 1-3）。

70.每天都需要神的圣洁之爱。牺牲之爱严格专注于减轻他们爱的对象的情感、精神、身体或经济痛苦或需求。牺牲的爱是昂贵的，通常涉及某种程度的痛苦，但无论付出什么代价，它都致力于帮助他们的爱人。"牺牲的爱"是一种永恒/永恒的需求吗？是，为什么或为什么不？如果没有神在基督里的牺牲之爱，我就会迷失，永远与圣洁、全能的神隔绝。即使我们得救了，耶稣的牺牲之爱也超越了他在十字架上的死，因为他经

常或每天帮助你行走，成为主的救赎。"……愿耶和华的救赎主这样说……"（诗篇 107：2）。"……神爱世人，甚至将他"独生"的儿子赐给他们，叫一切信他的，不至灭亡，反得永生……"（约翰福音 3：16）。"这里是爱，不是我们爱神，而是祂爱我们，差遣祂的儿子为我们的罪作赎罪祭（替代、干预）。」（约翰一书 4:10 KJV）。"因为基督也一劳永逸地为罪而死，为不义的人为义而死，为要使我们归向神……"（彼得前书 3:18）。"……这就是爱：不是我们爱神，而是祂爱我们，差遣祂的儿子为我们的罪作赎罪的"牺牲"……。」（约翰一书 4：10）。"……但神在我们还是罪人的时候，差遣基督为我们死，以此显示祂对我们伟大的爱……"（罗马书 5: 7-9 NLT）。神"……不饶恕自己的儿子，〔免受痛苦〕，而是将他（或牺牲他）交给我们所有人……。"（罗马书 8:32 KJV）。"爱遮掩许多的罪……"（箴言 10:12，彼得前书 4: 8 ASV）。"……怜悯（牺牲的爱）胜过审判……"（罗马书 5:20，雅各书 2:13 NASB）。"……在那里罪恶增多，恩典更增多（牺牲的爱）……"（罗马书 5:20 NASB）。

____

____

____

71.每天都需要盐渍。救恩将你从罪恶、罪恶的影响和罪恶的后果中拯救出来。救恩防止与全能和圣洁的上帝分离。"救赎"是永恒的/永恒的需要吗？是，为什么或为什么不？神的救恩"在"基督里把我从罪的毁灭性影响及其永恒的后果中拯救出来。如果没有它，我将永远迷失，即使你得救了。救赎使你每天都不会与上帝完全疏远。"……在他（基督）里……万物都聚在一起……"（歌罗西书 1:17）。"……但你们的罪孽使你们与你们的神隔绝了……"（以赛亚书 59：2）。"……一旦你们因邪恶的行为而与神疏远，在你们心中成了仇敌……"（歌罗西书 1:21 NIV）。"……记住，那时你们与基督分离，被排除在以色列的公民身份之外，被排除在应许之约的外邦人之外，在世上没有希望，没有神……"（以弗所书 2:12 NIV）。"……他们心地昏暗，脱离神的生命，因为他们心里无知，心里刚硬……"（以弗所书 4:18 NIV）。"……但基督……一劳永逸地为罪而死，为不义的人为义而死，为要使我们归向神……"（彼得前书 3:18）。"……她要生一个儿子，你要给他起名叫耶稣；因为他要救他的百姓脱离他们的罪……"（马太福音 1:21）"因为神只有一位，在神与人之间只有一位中保，就是人基督耶稣……"（提摩太前书 2：5）"……除他以外，在天下没有赐下别的名，我们可以靠着得救……"（使徒行传 4:12 KJV）。"……他成了凡顺从他的人永远得救的创造者；……"（希伯来书 5: 7-8-9 KJV）。"因此，我们应该更加认真地关注〔你们〕……所听到的事情，以免〔你们〕……随时让它们滑倒。因为如果天使所说的话是坚定的，每一个过犯和不服从都得到了公正的报酬；如果[你们]忽略了这么大的救恩，[你们]……怎么能逃脱呢？」（希伯来书 2: 1-4 KJV）。

____

____

____

72.每天都需要敬畏神。没有信任，你就无法成为像基督一样的人。如果你不信靠神，你就不会遵守祂的诫命。如果不信任上帝，你就无法取悦他。"信靠上帝"是永恒的/永恒的需要吗？是，为什么或为什么不？信任使你与祂的爱保持联系，使你安全，使你安全，使你接近上帝，使你所有的需求都得到满足，无论是暂时的还是永恒的。即使你得救了，这并不意味着你每天都信靠神，也不意味着你一生都信靠祂的话"......全心信靠耶和华，不要依靠自己的洞察力（理解力）。在你一切所行的事上都要认他，他必指引你的路......"（箴言 3: 5-6）。"......没有信心，就不能得神的喜悦......"（希伯来书 11: 6 KJV）。"......不要害怕......只信......"（马可福音 5:36 KJV）。"凡有能力行事超乎我们所求所想的，都照着在我们里面行事的能力......"（以弗所书 3:20 KJV）。"但如经上所记，神为爱他的人所预备的，眼睛未曾看见，耳朵未曾听见，人心也未曾想到......"（哥林多前书 2 ：9）。"......善人的脚步是耶和华所吩咐的；他喜悦自己的道路"（诗 37:23）。"......耶和华啊，我倚靠你；我说：'你是我的神'（诗篇 31:14）。"......神的应许虽多，在祂里面也是如此......阿们......"（哥林多后书 1:20 NASB）。"这就是我们对他的信心，我们若照他的旨意求什么，他就听从我们......"（约翰一书 5:14）。"......你们可以奉我的名求任何事，我必成就，使子能将荣耀归给父。是的，你奉我的名向我求什么，我必成就......"（约翰福音 14:12 -14 NLT）。"......耶和华所作的美好应许......没有一个失败了；一切都应验了......"（约书亚记 21:45 NASB）。"......他赐给〔你们〕......他宝贵尊贵的应许......"（彼得后书 1: 4 NASB）。神说，我"......正在谨慎遵行我的话......"（耶利米书 1:12 NASB）。"......我口所出的话也必如此：必不徒然归向我，必成就我所喜悦的，必在我所差来的事上亨通"（以赛亚书 55 ：11）。"......你要专心仰赖耶和华......"（箴言 3: 5-6）。

____

____

____

73.每天都需要"神的话语"。"上帝的话语"就像是精神身体和生命的食物和营养。你不会让肉体挨饿，但有些人会而且确实会让灵体挨饿。"上帝的话语"是永恒的/永恒的需要吗？是，为什么或为什么不？没有神的话语，你的生命就没有属灵的方向。神的话语包含了与生命和敬虔有关的"一切"。这盏灯照亮了你的命运之路。即使得救，你"在"基督里的"新创造"每天都需要属灵的滋养。"因为这百姓的心已经消沉，耳朵几乎听不见，眼睛也闭上了；若不然，眼睛看见，耳朵听见，心里明白，就回来，我必医治他们"（使徒行传 28 ：27）。因此，"愿基督的话丰富地住在你们里面"（歌罗西书 3:16 KJV）。"......你的话就是真理"（约翰福音 17:17 KJV）。"......道成了肉身，住在我们中间......"（约翰福音 1:14）。"......基督因信住在你们心里......"（以弗所书 3:17 KJV）。"......你要口里承认主耶稣，心里信神叫他从死里复活，你就必得救"（罗马书 10: 9 KJV）。"......耶和华的律法是完全的，能使人复原；耶和华的见证是确实的，能使愚人有智慧。耶和华的训词是正直的，使人心喜乐；耶和华的命令洁净，使人眼目明亮。

敬畏耶和华是清洁的，永远长存；耶和华的典章是真实的，都是公义的。它们比黄金更可取，是的，比许多精金更可取；也比蜂蜜和蜂窝的滴水更甜。此外，他们还警告你的仆人。留住他们有极大的赏赐……"（诗篇 19: 7-11）。神的话包含了"……一切有关生命和敬虔的事……"（彼得后书 1: 3 KJV）。"藉此赐给我们极大而宝贵的应许：使你们得以与神性同分，逃脱世上因私欲的败坏。除此之外，尽一切努力，增加你的信仰美德；和美德知识；和知识节制；和节制耐心；和耐心虔诚；和虔诚的兄弟般的仁慈；和兄弟般的仁慈。因为如果这些东西在你们里面，并且比比皆是，它们使你们在我们主耶稣基督的知识上既不会贫瘠，也不会无果。但缺乏这些东西的人是瞎眼的，看不见远方，忘记了自己从旧罪中被洗净了……"（彼得后书 1: 4-9）。因此，"……让基督的话语丰富地住在你们里面……」（歌罗西书 3:16 KJV）。

____

____

____

74.每天都需要祈祷者。祈祷是与上帝的沟通。没有人每天都会与亲密的爱人交谈。上帝可能知道你喜欢一本书，但如果你想要或需要一些东西，你需要传达它。"祈祷"是永恒的/永恒的需要吗？是，为什么或为什么不？祈祷是与上帝的沟通。我们与他交谈，了解他，分享我们的感受，表达我们的需求，与他人交涉，并为旅程获得建议，即使你得救了，你也需要每天与神沟通。你没有，因为你没有问。"……不住地祷告……"（帖撒罗尼迦前书 5:17）。"……你渴望，但没有，所以你杀人。你渴望，但你无法得到你想要的，所以你争吵和打架。你没有，因为你不求神……"（雅各书 4: 2 NIV）。"……你们祈求，却不领受，因为你们祈求的动机是错误的，好叫你们把钱花在享乐上……"（雅各书 4: 3 NASB）。"……不是你们拣选了我，而是我拣选了你们，并且吩咐你们去结果子，叫你们的果子常存；叫你们奉我的名，无论向父求什么，他就赐给你们……"（约翰福音 15： 16）。"……神的应许虽多，在祂里面也是如此……阿们……"（哥林多后书 1:20 NASB）。"……我们对他有信心，就是我们若照他的旨意求什么，他必听我们……"（约翰一书 5:14）。"……你们可以奉我的名求任何事，我必成就，使子能将荣耀归给父。是的，请以我的名义向我索取任何东西，我会这样做……"（约翰福音 14:12 -14 NLT）。"……耶和华所作的美好应许……没有一个失败了；一切都应验了……"（约书亚记 21:45 NASB）。"……他赐给〔你们〕……他宝贵尊贵的应许……"（彼得后书 1: 4 NASB）。神说，我"……正在谨慎遵行我的话……"（耶利米书 1:12 NASB）。"……我口所出的话也必如此：必不徒然归向我，必成就我所喜悦的，必在我所差来的事上亨通"（以赛亚书 55： 11）。"凡有能力行事超乎我们所求所想的，都照着在我们里面行事的能力……"（以弗所书 3:20 KJV）。"……是的，奉我的名求什么，我必成就……"（约翰福音 14:12 -14 NLT）。"……不住地祷告……"（帖撒罗尼迦前书 5:17）。"……义人每日有效的祷告可以成就许多……"（雅各书 5:16）。

75.每天都需要精神上的即时性。除了基督之外，没有什么神圣或属灵的事情可以做或
完成。祂的圣灵使我们能够像基督一样，遵守神的诫命。"精神上的亲密"是一种永恒/
永恒的需求吗？是，为什么或为什么不？因为没有内住的圣灵，我们就不能行公义或
圣洁。即使得救的日常灵性亲密或与神的联系是必要的，因为除了他，你绝对不能做
任何神圣的或超自然的事。"……除了我，你什么也不能做……"（约翰福音 15: 5 NIV）。
"……住在我里面，我在你里面。枝子若不常在葡萄树中，就不能结出自己的果子，你们
若不常在我里面，也不能结出自己的果子。我是葡萄树，你们是枝子；住在我里面，
我在他里面，他就多结果子，因为除我以外，你们什么也不能做……"（约翰福音 15: 4-
6）。"因为神在你们心里施工，为要成就他的美意"（腓立比书 2:13）。"……使〔神〕照
着他丰富的荣耀赐给你们，用他的灵用大能坚固你们……"（以弗所书 3:16 KJV）。"……
愿赐平安的神……那位伟大的牧羊人，为你们成就祂的旨意而装备一切美好的事物，愿
祂藉着耶稣基督在我们中间作祂所喜悦的事，愿荣耀归给祂，直到永永远远。阿们」
（希伯来书 13:20 -21）。"……我和我的父原为一……"（约翰福音 10:30 KJV）。"……使他
们都合而为一；正如你，父，在我里面，我在你里面，他们也在我们里面，使世人相
信你差了我来……"（约翰福音 17:21 -23 NASB）。"……与主亲近的是一个灵……"（哥林
多前书 6:17 KJV）。

76. 谁是满足永久/永恒需求的唯一来源？神"……住在我里面，我在你里面。枝子若不常
在葡萄树中，就不能结出自己的果子，你们若不常在我里面，也不能结出自己的果子。
我是葡萄树，你们是枝子；住在我里面，我在他里面，他就多结果子，因为除我以外，
你们什么也不能做……"（约翰福音 15: 4-6）。"我可以藉着基督做一切使我坚强的事。」
（腓立比书 4:13 KJV）。解释。没有耶稣基督，我无法为上帝做任何令人愉悦的事情。
基督徒是否认为上帝的永恒/永恒需求是理所当然的？是，为什么或为什么不？因为
我们没有意识到我们永恒的需求对于我们作为活人圣神的孩子的日常和永恒的生存是
多么重要。即使你得救了，你也可以对神的永恒/永恒的益处变得如此肯定、疏忽、冷漠、
漠不关心、麻木和沾沾自喜，你不再感激它们。"耶稣回答说：'以赛亚指着你们这些假
冒为善的人预言得很好，正如经上所记：这百姓用嘴唇尊敬我，心却远离我'（可 7:
6）。"……因为你的心在神面前并不正直……"（使徒行传 8:21）。

"……但不要认为这是理所当然的。直到昨天，你们外人才对神的道一无所知，对神的作
工一无所知，对基督一无所知。你对神在以色列所立的约和应许的丰富历史一无所知，
对神在世上所做的事一无所知。现在，因为基督-死亡，流血-你曾经完全摆脱了它，你

参与了一切。弥赛亚在我们之间编造了一些事情，所以我们现在在一起，无论是非犹太人的局外人还是犹太人的局内人。他拆掉了我们曾经保持距离的墙。他废除了被精美印刷品和脚注堵塞的法律法规，这阻碍了很多。然后他重新开始。他没有继续让两组人被几个世纪的敌意和怀疑分开，而是创造了一种新的人类，为每个人开创了一个新的开始。基督通过他在十字架上的死把我们聚集在一起。十字架让我们拥抱，这就是敌意的结束。基督来向你们外人宣讲和平，向我们内人宣讲和平。他平等对待我们，因此使我们平等。藉着他，我们既有相同的圣灵，又有平等的途径与父相交。这很简单，不是吗？你不再是流亡者了。这个信仰王国现在是你的家乡。你们不再是陌生人或局外人。你属于这里，和任何人一样有权使用基督教这个名字。上帝正在建造一个家。无论我们如何到达这里，他都在利用我们所有人来建造他正在建造的东西。他用使徒和先知作为根基。现在他正在利用你，用砖砌砖，用石头砌石，用基督耶稣作为基石，将所有的部分结合在一起。我们看到它日复一日地成形--一座神建造的圣殿，我们所有人都建在里面，一座神安居乐业的圣殿……"（以弗所书 2:11 -22 MSG）。

"……不要忽视你内在的属灵恩赐……要用这些东西来煞费苦心：全神贯注于它们，使所有人都会注意到你的进步……"（提摩太前书 4:14 -15 NASB）。"……并要感恩……"（歌罗西书 3:15 NIV）。"……凡事谢恩，因为这是神对基督耶稣的旨意……"（帖撒罗尼迦前书 5:18）。"……当我把所有的碎片都摆在他面前时，上帝让我的生活变得完整。当我齐心协力时，他给了我一个新的开始，现在我对上帝的方式保持警惕；我不认为上帝是理所当然的。每天我都会回顾他的工作方式；我尽量不要错过一个技巧，我觉得自己重新回到了一起，我正在看着自己的脚步。当我向他打开我心中的书卷时，神重写了我的生命经文……"（诗篇 18:20 -24）。"……如果〔你〕……忽略了这么大的救恩，〔你〕……怎么能逃脱呢？」（希伯来书 2: 1-4 KJV）。

____
____
____

第 5 章

互惠

在上帝和（婴儿）信徒之间

体验是什么样的？

"……我…… [爱你] ……带着永恒的爱……" ……还有…… [你要爱我] ……全心全意……心灵……灵魂……和理解……」（耶利米书 31: 3 ；马太福音 22:37 NASB）。

圣经说："耶和华从远处向他显现，说：'我以永远的爱爱你们。'所以我以慈爱吸引你们。……他对他说，你要尽心、尽性、尽意爱耶和华你的神……"（耶利米书 31: 3 和马太福音 22:37 NASB）。

课程的目的或目标：学习实用和适用的方法，通过基督真正体验与神的相互关系。

课程应用：实践现实生活和圣经中体验与神相互关系的方式

主题讨论：学习如何体验上帝的爱并爱他作为回报：当人类婴儿从照顾者那里"得到回应"时，他或她正在传达他们"需要"照顾者的爱和关怀。当人类婴儿"对照顾者的刺激做出反应"时，他或她正在传达他们正在回应或接受他们的爱和关怀。照顾者与婴儿沟通，他们将亲切地满足他们的每一个需求，并将尽其所能深情地爱他们。尽管照顾者和婴儿在相互关系中扮演着不同的角色，但这两个角色都表达并揭示了他们之间的互惠、无形的联系，这些联系共同形成了一种独特的亲密依恋。在健康的依恋中，角色可能是不同的，但它们对于为每个参与者提供与爱结合所需的回应和反应同样重要，"……合一的完美纽带……"（哥林多前书 6:17 NASB）。

照料者和婴儿以不同的角色和不同的方式彼此相爱，并得到回报；从而使爱成为"……合一的完美纽带……"（哥林多前书 6:17 NASB） --他们之间主要的、无形的纽带。在这种非常亲密和相互的交流中，照顾者和婴儿都受到了很大的影响。婴儿受到照顾者对其需求的反应方式的影响；而照顾者受到婴儿对其爱和照顾的反应方式的影响。照顾者和婴儿都必须以相互合作的方式相互接受，以便他们每个人都能从依恋关系中充分受益。婴儿和照顾者之间的这种相互交流是一个人和另一个人之间最纯粹的亲密形式之一。它也可以作为婴儿未来亲密关系的模板。如前所述，婴儿天生就具有上帝赐予的依恋能力，他们用这种能力来吸引看护者的反应或对看护者的刺激做出反应。照顾者的"回应"帮助婴儿照顾他们对爱的需求。而且，护理人员的"对刺激的反应"有助于婴儿对他们的护理做出反应。同样，照顾者对婴儿的反应和与婴儿的互动，帮助他们传达他们的爱和关怀。在婴儿生命中的这个温柔时刻， -以健康的平衡方式满足他们的需求，教会他们依靠另一个人来满足这些需求–是他们与爱和亲密的第一次接触和经历。

在与神的相互关系中，最终目标是爱。这种爱是突出的、持续的和持久的（永恒的）。就像在人际关系中一样，上帝是照顾者，在祂和无助的婴儿信徒之间建立并建立爱和信任。"我们爱他，因为他先爱我们"（约翰一书 4:19）。互惠是双方之间爱和感情的互惠行为的集合。互惠是一种亲密的行动关系。神说，"……我……〔爱你〕……带着永恒的爱……"……而〔你说，〕……〔我要爱神〕……带着所有〔我的〕……心……思想……灵魂……和理解……"（耶利米书 31: 3；罗马书 12: 3 KJV）。"我们爱他，因为他先爱我们"（约翰一书 4:19）。在相互关系中，存在关系利益、关系成长和发展、关系影响、关系共性和关系共享。

神如何向你展现祂的爱

77.互惠是什么意思？双方之间的关系，其中一方在平等的、相互的互惠行为或影响中从另一方那里获得关系利益。双方之间的关系，其中一方通过平等分享或享受互惠的无形联系而从另一方获得关系利益。上帝如此热爱这个世界，以至于他给了他们什么？他的独生子"……神爱世人，甚至将他的'独生子'赐给他们，叫一切信他的，不至灭亡，反得永生……"（约翰福音 3:16 KJV）。"……但神在我们还是罪人的时候，差遣基督为我们死，以此显示祂对我们伟大的爱……"（罗马书 5: 7-9 NLT）。神"……没有饶恕他自己的儿子，[从痛苦中，但交付他（或牺牲他）为我们所有人……。"（罗马书 8:32 KJV）。根据以下经文，什么是爱？"这里是爱，不是我们爱神，而是祂爱我们，差遣祂的儿子为我们的罪作赎罪祭（替代、干预）。」（约翰一书 4:10 KJV）。"因为基督也一劳永逸地为罪而死，为不义的人为义而死，为要使我们归向神……"（彼得前书 3:18）。"……这就是爱：不是我们爱神，而是祂爱我们，差遣祂的儿子为我们的罪作赎罪的"牺牲"……。」（约翰一书 4：10）。

____

____

____

78.上帝通过派遣他的儿子和他的儿子来表达他的爱，通过他的死亡，把你买回给他。"因为基督也一劳永逸地为罪而死，为不义的人为义而死，为要使〔你们〕归向神……"（彼得前书 3:18）。一旦他派遣了耶稣，上帝还做了什么让你更接近他？祂有目的地吸引我们的注意力，并通过基督耶稣在圣约关系中吸引我们，"……我……要吸引众人到我这里来……"（约翰福音 12:32 KJV）。"……除了差我来的父，没有人能到我这里来……"（约翰福音 6：44）。"经上记着说：'众先知都要受神的教训。"凡听见父的事，又认识父的，就到我这里来……"（约翰福音 6：45）。

____

____

____

79.上帝派遣他的儿子，然后他吸引你接近他。为了确保您与他保持亲密关系并获得他爱和关怀的"所有"好处，神做了什么，通过一个单一的精神关系纽带将您永久地与他联系在一起，"……[他加入你] ……与主[你成为] ……一个灵…… [与他] ……"（哥林多前书 6:17 KJV）。"……〔他的〕……爱……是合一的完美纽带……"（歌罗西书 3:14 NASB）"……

所以若有人在基督里，他就是新造的人：旧事都过去了；看哪，万事都变成新的了"
（哥林多后书 5:17 KJV）。

____

____

____

80.神差遣他的儿子，使你接近他，并通过他的圣灵将你依附在他身上。上帝对你的
爱依恋有什么证据？ 他内住的圣灵，就是基督在你们里面， "......神将他的灵赐给你们，
证明〔你们〕......住在他里面，也住在〔你们〕里面......"（约翰一书 4:13 NLT）。"......神的
灵住在你们里面......"（罗马书 8:9 KJV）。"......耶稣基督在你们里面......"（哥林多后书
13: 5 KJV）。"......基督在你们里面......"（歌罗西书 1:27 KJV）。"......如果基督在你们里
面......（罗马书 8:10 KJV）。"......但那叫耶稣从死里复活之人的灵，若住在你们里面......"
（罗八 11）。"我与基督同钉十字架：然而我活着；却不是我，而是基督在我里面活
着......"（加拉太书 2:20）。"直到基督在你们里面成形......"（加拉太书 4:19）。"岂不
知你们是神的殿，神的灵住在你们里头吗？」（哥林多前书 3:16 KJV）。"岂不知你们的
身子就是圣灵的殿吗？圣灵在你们里面，你们是从神来的，并不是你们自己的。」（哥
林多前书 6:19 KJV）。"......神曾说，我要住在他们里面，在他们里面行走；我要作他们
的神，他们要作我的子民"（哥林多后书 6:16）。

____

____

____

81.主差遣他的儿子，使你接近他，将你依附于他的圣灵，基督就住在你里面。当你审
视自己，知道基督是否住在你里面时，你的证据是什么？属灵的果子，将证明你们是
他的门徒"......你们要省察自己是否有信心；要证明自己。你们自己不知道耶稣基督在你
们里面，除非你们是可憎的。」（哥林多后书 13: 5）。 "......我父因你们结"多"果子而得
荣耀，所以证明你们是我的门徒......。」（约翰福音 15: 8 NIV）。"......你们必凭着他们的
果子认识他们......"（马太福音 7:16 KJV）。"......但圣灵的果子是爱、喜乐、平安、忍耐、
温柔、良善、信实、温柔、节制......"（加拉太书 5 ： 22-23）。"......你们不是拣选了我，
乃是我拣选了你们，并且吩咐你们去结果子，叫你们的果子常存，叫你们奉我的名，
无论向父求什么，他就赐给你们。」（约翰福音 15:16 ASV）。"......住在我里面，我在你
里面。枝子若不常在葡萄树中，就不能结出自己的果子，你们若不常在我里面， 也不
能结出自己的果子。77.神"......没有饶恕他自己的儿子， [从痛苦中，但交付他（或牺牲
他）为我们所有人......。"（罗马书 8:32 KJV）。根据以下经文，什么是爱？ "这里是爱，
不是我们爱神，而是祂爱我们，差遣祂的儿子为我们的罪作赎罪祭（替代、干预）。」
（约翰一书 4:10 KJV）。"因为基督也一劳永逸地为罪而死，为不义的人为义而死，为
要使我们归向神......"（彼得前书 3:18）。"......这就是爱：不是我们爱神，而是祂爱我
们，差遣祂的儿子为我们的罪作赎罪的"牺牲"......。」（约翰一书 4 ： 10）。

78.上帝通过派遣他的儿子和他的儿子来表达他的爱，通过他的死亡，将你买回给他。
"因为基督也一劳永逸地为罪而死，为不义的人为义而死，为要使〔你们〕归向神……"
（彼得前书 3:18）。一旦他派遣了耶稣，上帝还做了什么让你更接近他？祂有目的地
吸引我们的注意力，并通过基督耶稣在圣约关系中吸引我们，"……我……要吸引众人到
我这里来……"（约翰福音 12:32 KJV）。"……除了差我来的父，没有人能到我这里来……"
（约翰福音 6：44）。"经上记着说：'众先知都要受神的教训。"凡听见父的事，又认
识父的，就到我这里来……"（约翰福音 6：45）。

79.上帝派遣他的儿子，然后他吸引你接近他。神做了什么来确保你与他亲近，并获得
他爱和关怀的"所有"益处，通过一个圣灵的关系纽带将你永久地与他结合在一起，
"…… [他加入你] ……与主[你成为] ……一个灵…… [与他] ……"（哥林多前书 6:17 KJV）。
"……〔他的〕……爱……是合一的完美纽带……"（歌罗西书 3:14 NASB）"……所以若有人在
基督里，他就是新造的人：旧事都过去了；看哪，万事都变成新的了"（哥林多后书
5:17 KJV）。

80.上帝派遣他的儿子，使你接近他，并通过他的圣灵将你与他联系起来。上帝对你的
爱依恋有什么证据？ 他内住的圣灵，就是基督在你们里面，"……神将他的灵赐给你们，
证明〔你们〕……住在他里面，也住在〔你们〕里面……"（约翰一书 4:13 NLT）。"……神的
灵住在你们里面……"（罗马书 8:9 KJV）。"……耶稣基督在你们里面……"（哥林多后书
13:5 KJV）。"……基督在你们里面……"（歌罗西书 1:27 KJV）。"……如果基督在你们里
面……（罗马书 8:10 KJV）。"……但那叫耶稣从死里复活之人的灵，若住在你们里面……"
（罗八 11）。"我与基督同钉十字架：然而我活着；却不是我，而是基督在我里面活
着……"（加拉太书 2:20）。"直到基督在你们里面成形……"（加拉太书 4:19）。"岂不
知你们是神的殿，神的灵住在你们里头吗？」（哥林多前书 3:16 KJV）。"岂不知你们的
身子就是圣灵的殿吗？圣灵在你们里面，你们是从神来的，并不是你们自己的。」（哥
林多前书 6:19 KJV）。"……神曾说，我要住在他们里面，在他们里面行走；我要作他们
的神，他们要作我的子民"（哥林多后书 6:16）。

81.主差遣他的儿子，使你接近他，将你依附于他的圣灵，基督就住在你里面。当你审视自己，知道基督是否住在你里面时，你的证据是什么？属灵的果子，将证明你们是他的门徒"......你们要省察自己是否有信心；要证明自己。你们自己不知道耶稣基督在你们里面，除非你们是可憎的。」（哥林多后书 13: 5）。"......我父因你们结"多"果子而得荣耀，所以证明你们是我的门徒......。」（约翰福音 15: 8 NIV）。"......你们必凭着他们的果子认识他们......"（马太福音 7:16 KJV）。"......但圣灵的果子是爱、喜乐、平安、忍耐、温柔、良善、信实、温柔、节制......"（加拉太书 5 ： 22-23）。"......你们不是拣选了我，乃是我拣选了你们，并且吩咐你们去结果子，叫你们的果子常存，叫你们奉我的名，无论向父求什么，他就赐给你们。」（约翰福音 15:16 ASV）。"......住在我里面，我在你里面。枝子若不常在葡萄树中，就不能结出自己的果子，你们若不常在我里面，也不能结出自己的果子。我是葡萄树，你们是枝子；住在我里面，我在他里面，他结出许多果子，因为除我以外，你们什么也不能做......"（约翰福音 15: 4-6）。

你如何向上帝表达你的爱

82.你何时重生- "......我说，'你必须重生......"（约翰福音 3: 7 NLT）-为了回应和回应他的爱和关怀，神给你什么？信心的量度（定额、数量、份额等）神"......将信心的量度赐给各人......"（罗马书 12: 3 KJV）。

83.信心帮助你从神那里得到爱和关怀。信心能帮助你回应神的爱和关怀。举一个引发上帝之爱的例子。当我们直接向他要求我们需要的东西时，我们是在征求他的爱。有一天，我向上帝请求一个拥抱，一位陌生的女士走过来对我说，上帝让我给你一个拥抱。"......奉我的名向我求什么，我必成就......"（约翰福音 14:12 -14 NLT）。"......凡你们奉我的名向父所求的，父必赐给你们......"（约翰福音 15 ： 16）。"......你们可以奉我的名求任何事，我必成就，使子能将荣耀归给父。是的，请以我的名义向我索取任何东西，我会这样做......"（约翰福音 14:12 -14 NLT）。"......神的应许虽多，在祂里面也是如此......阿们......"（哥林多后书 1:20 NASB）。"......我们对他有信心，就是我们若照他的旨意求什么，他必听我们......"（约翰一书 5:14）。"......不住地祷告......"（帖撒罗尼迦前书 5:17）。"......义人每日有效的祷告可以成就许多......"（雅各书 5:16）。

---

84. "信心的量度"通过圣灵赐给每一个无助的婴儿，作为一种精神上根深蒂固的礼物，种植在心中，使您能够期待上帝，伟大的照顾者的所有包罗万象的爱和关怀。"......藉着

圣灵......信心赐给一个人......"（哥林多前书 12: 8-9）。"...... [神] ......将信心的尺度赐给各人......"（罗马书 12: 3 KJV）。"......藉着信心......这是神的恩赐......"（以弗所书 2: 8-9 KJV）。如果没有对上帝的信心，无助的婴儿信徒将无法在精神上生存。"......除了我，你们什么也不能做......"（约翰福音 15: 4-6 NASB）。然而，凭着信心，无助的婴儿信徒可以平静地期待，无论发生什么事，神都会照顾他们和他们的一切需要。"......我的神必供应一切〔我的需要〕......照他在基督耶稣里荣耀的丰富......"（腓立比书 4:19 NASB）。信心是内在的恩赐，使你能够自信地依靠神，回应祂，并获得祂的许多应许。

"......一个人藉着圣灵得到智慧的信息，另一个人藉着同样的灵得到知识的信息，另一个人藉着同样的灵得到信仰，另一个人藉着同样的灵得到医治的恩赐......"（哥林多前书 12: 8-9）。"......因为神在你们里面作工，叫你们立志行事，成就他的美意"（腓立比书 2:13）。"......神的应许虽多，在祂里面也是如此......阿们......"（哥林多后书 1:20 NASB）。上帝迈出了第一步，首先爱你，派遣他的儿子，并提供一次性的赎罪，让上帝和无助的婴儿信徒之间有一个"一个灵"的依恋。"......我们爱，因为他先爱我们......"（约翰一书 4:19 ASV）。"因为基督也一劳永逸地为罪而死，为不义的人为义而死，为要使〔你们〕归向神......"（彼得前书 3:18）。"......〔他与你们联合〕......归向主〔你们就成为〕......一个灵......〔与他〕......"（哥林多前书 6:17 KJV）。然而，信仰是一种选择。"......选择生命......"（申命记 30:19 KJV）。这取决于你故意决定相信上帝的爱和关怀。"......我已将生死、祝福和咒诅摆在你们面前，所以你们要选择生命......"（申命记 30:19）。信靠神是故意回应神通过基督在十字架上完成的工作所施予的爱和关怀。"......〔故意〕......信他所差来的......"（约翰福音 6:28 -29）。请举例说明如何回应或回应神的爱。我相信上帝会减少我的抵押贷款，他减少了数百美元"......只相信......"（马可福音 5：36 KJV）。"......耶和华对摩西说："这百姓藐视我（藐视）要到几时呢？尽管我在他们中间行了所有的神迹，他们还会拒绝相信我多久？」（但以理书 14：11）。"......我们该怎么做，才能行神的事工？'耶稣回答说：'这就是神的作为，叫你们信他所差来的......"（约翰福音 6:28 -29）。

85.为什么圣经说你爱是因为他先爱你？因为神是爱，在我们真正理解祂对我们的爱标准之前，我们无法真正爱自己或他人。"这就是爱，不是我们爱神，乃是神爱我们......"（约翰一书 4:10）。"......我们爱，因为他先爱我们......"（约翰一书 4:19 ASV）。"这就是爱，不是我们爱神，乃是神爱我们，差遣他的儿子......"（约翰一书 4:10）。"因为神爱世人，甚至将他的独生子赐给他们，叫一切信他的，不至灭亡，反得永生"（约翰福音 3：16）。"送他的儿子"如何表达他的爱？因为我们正走向永恒的诅咒，但神差遣他的儿子作为赎罪祭，并通过在基督耶稣里的救恩改变了我们走向永生的命运

86.如何将你"吸引"到他自己身上来表达他对你的爱？因为他不必这样做，但正是他的爱迫使他派遣了他唯一的儿子，吸引我们回到他自己身边"……我要……吸引〔你们〕……到我这里来……"（约翰福音 12:32 KJV）。"……〔你们〕……不能……到〔他〕那里去……除了差〔他〕的父……吸引〔你们〕……"（约翰福音 6:44 KJV）。"……所以我用慈爱吸引你们……"（耶利米书 31: 3 NASB）。"不是你们拣选了我，是我拣选了你们……"（约翰福音 15:16 ASV）。"……你们所拣选、所亲近的，是有福的……"（诗 65: 4）。"……我耶和华……把你们与别人隔绝，使你们成为我的。……"（利未记 20:26 KJV）。"……这就是〔所有〕……神的计划：〔所有〕……相信好消息的人平等地分享神的儿女所继承的财富。[他们] ……是[所有] ……同一个身体的一部分，享受祝福的应许，因为他们属于基督耶稣……"（以弗所书 3: 6 NLT）。"……因此，我以慈爱吸引你们……"（耶利米书 31: 3 NASB）。

87.如何将你与他的"圣灵"联系起来，表达他的爱？ 因为祂的圣灵使我们成为新造的人，医治我们所有的罪。我们现在可以通过基督与神建立关系，除了他选择爱我们之外，没有其他原因"……在基督里，〔你是一个〕……新造的人：旧事已过；看哪，万物都成为新的……"（哥林多后书 5:17）。"……耶稣基督医治你！起床，卷起你的睡垫！"他立刻就痊愈了……"（使徒行传 9:34）。"……但神称赞他对我们的爱，就是在我们还是罪人的时候，基督为我们而死……"（罗马书 5: 8）。"……借着他的恩典，借着"在"基督耶稣里的救赎，白白称义……"（罗马书 3:24 NLT）。"……因此，'在基督耶稣里'的人现在没有定罪……"（罗马书 8: 1）。"……因为在基督耶稣里，生命之灵的律使我脱离了罪和死的律……"（罗马书 8: 2）。"……身高、深度或任何其他受造物，〔没有什么〕……不能使我们与神的爱隔绝，神的爱是在我们主基督耶稣里的……"（罗马书 8:39）。

"……所以我们既然众多，就是"在基督里"的一个身体，各人互相肢体……"（罗马书 12: 5）。"……到哥林多神的教会，到那些在基督耶稣里被称为圣徒的人那里，到处呼求我们主耶稣基督的名，包括他们的和我们的……"（哥林多前书 1: 1-2）。"……但你们"在"基督耶稣里，是属神的，使我们有智慧，有公义，有圣洁，有救赎……"（哥林多前书 1：30）。"……因为神的所有应许在基督里都实现了，发出响亮的"是的！"通过基督，我们的"阿们"（意思是"是"）为神的荣耀升到神面前……"（哥林多后书 1:20 NLT）。"……感谢神，祂总是使我们在基督里得胜……"（哥林多后书 2:14）。"……所以，若有人"在"基督里，他就是新造的人：旧事都过去了；看哪，万事都变成新的了……"（哥林多后书 5:17）。"……就是说，神在基督里，使世界与他自己和好，不把他们的过犯归咎于他们……"（哥林多后书 5:19）。"……因为你们都是信靠基督耶稣的神的儿女……"
（加拉太书 3:26）。"……因为你们都在基督耶稣里……"（加拉太书 3:28）。"……甚至在
他创造世界之前，神就爱我们，拣选我们"在基督里"成为圣洁，在他眼中没有过错……"
（以弗所书 1: 4 NLT）。"……使我们一同兴起，使我们在基督耶稣里一同坐在天上……"
（以弗所书 2: 6 NLT）。"……因为我们是他的工作，是在基督耶稣里创造的……"（以弗
所书 2:10）。"……在基督里，〔你是〕……新造的人：……万物都成为新的……"（哥林多
后书 5:17）。

88. "内住基督"如何表达他的爱？内住的基督包含了祂荣耀的一切丰富；神用来满足我
们需要的方法，也表明祂的爱"……我的神必供应一切〔我对爱的需要〕……照祂在基督耶
稣里荣耀的丰富……"（腓立比书 4:19 NASB）。"……荣耀的丰富是什么〔？〕……；……基
督在你里面……"（歌罗西书 1:25 -28）。"知道"基督"在你里面"（罗马书 8:29
KJV）。"……耶稣基督在你们里面……"（哥林多后书 13: 5 KJV）。"……基督在你们里
面……"（歌罗西书 1:27 KJV）。"……神的灵住在你们里面……"（罗马书 8: 9 KJV）。"……
如果基督在你们里面……（罗马书 8:10 KJV）。"倘若那叫耶稣从死里复活之人的灵住
在你们里面……"（罗八 11）。"我与基督同钉十字架：然而我活着；却不是我，而是
基督在我里面活着……"（加拉太书 2:20）。"直到基督在你们里面成形……"（加拉太书
4:19）。"岂不知你们是神的殿，神的灵住在你们里头吗？」（哥林多前书 3:16 KJV）。
"岂不知你们的身子就是圣灵的殿吗？圣灵在你们里面，你们是从神来的，并不是你们
自己的。」（哥林多前书 6:19 KJV）。"……神曾说，我要住在他们里面，在他们里面行走；
我要作他们的神，他们要作我的子民"（哥林多后书 6:16）。"……我的神必供应一切
〔我所需的爱〕……照他在基督耶稣里荣耀的丰富……"（腓立比书 4:19）。"……荣耀的丰
富是什么〔？〕……；……基督在你里面……"（歌罗西书 1:25 -28）。

89.人类婴儿通过他们的照顾者爱他们的方式来学习爱。写下你如何学会爱神的见证？
当我得到神对我的爱的启示知识时，我学会了爱神，"我们爱，因为他先爱我们"（约
翰一书 4:19 ASV）。

90.敬畏是一种内在的反应，它使心中的态度"屈服"，谦卑地敬畏上帝和上帝的真理。
当你认识神，亲近他，知道他的作为，当他通过他的话向你显现时，敬拜神就更容易
了。崇拜是对他的爱、他的存在和他的慷慨的回应，通过你内心深处的赞美来表达。敬

拜来自于"一个灵"的依恋，也来自于学习和理解他的真理。崇拜是表达你对神的爱的一种方式吗？是，为什么或为什么不？这表明你虔诚地尊重和尊敬上帝。祂是圣洁的，祂是灵。祂是至高无上的。我们崇拜祂光荣的存在，只为神，是值得的"......神是灵，祂的崇拜者必须在灵和真理中崇拜......」（约翰福音 4：24）。"......你的话就是真理......"（约翰福音 17:17）。"......〔他与你们联合〕......归向主〔你们就成为〕......一个灵......〔与他〕......"（哥林多前书 6:17 KJV）。"......道成了肉身，住在我们中间......"（约翰福音 1：14）。"......要将耶和华的名所当得的荣耀归给他；献上供物，来到他面前。在耶和华圣洁的荣耀中敬拜他......"（历代志下 16:29）。"......要在他圣洁的荣耀中敬拜耶和华......"（诗篇 96: 9）。"......你们要高举耶和华我们的神，在他脚凳前敬拜，他是圣洁的......你们要高举耶和华我们的神，在他的圣山敬拜，因为耶和华我们的神是圣洁的......」（诗篇 99：7，9 NIV）。"......你们要欢欢喜喜地敬拜耶和华，用快乐的歌声来到他面前......"（诗篇 100: 2）。"......容我的百姓去，好叫他们敬拜我......」（出埃及记 8：20 NIV）。"......去敬拜耶和华你的神，"他说......。」（出埃及记 10: 8 NIV）。"......来吧，我们要俯伏敬拜，跪在造我们的耶和华面前......"（诗篇 95: 6）。"......他们鞠躬敬拜......"（出埃及记 4:31）。"......他回答说：'我是希伯来人，我敬拜耶和华，就是造海和旱地的天上的神......'"（约拿书 1：9）。"......我们的牲畜也必与我们同去；连一只蹄也不可丢下。我们必须使用其中的一些来敬拜耶和华我们的神......"（出埃及记 10:26 NIV）。"......我们要在我们和你们以及后代之间作见证，我们将在他的圣所里用我们的燔祭、献祭和交通献祭来敬拜耶和华......」（约书亚记 22:27 NIV）。"......你们要敬拜耶和华你们的神，他必赐福与你们的食物和水。我要从你们中间除去疾病......"（出埃及记 23:25）。"......当敬拜耶和华你的神；他必救你脱离一切仇敌的手......"（王下 17:39）。"......以色列众人看见火降下来，耶和华的荣耀高过圣殿，就跪在路上，面向地面，敬拜耶和华，称谢他，说：'他本为善，他的慈爱永远长存......'（历代志下 7: 3）。

"......约沙法俯伏在地，犹大和耶路撒冷的众民都俯伏在耶和华面前......"（历代志下 20:18）。"......全体会众鞠躬敬拜，音乐家演奏，喇叭响起。这一切一直持续到燔祭的献祭完毕。祭祀完毕后，国王和与他在一起的所有人都跪下来敬拜。希西家王和他的臣仆吩咐利未人用大卫和先见亚萨的话赞美耶和华。于是他们欢呼雀跃，鞠躬敬拜。......"（历代志下 29:28 -30）。"......以斯拉赞美耶和华至大的神；众民举手回答说：'阿们！阿们！"他们就俯伏敬拜耶和华，面向地面......"（尼希米记 8: 6）。"......你们要敬拜耶和华你们的神，单单事奉他。'......"（马太福音 4:10 NIV）。"......耶稣回答说：'经上记着说：'当敬拜耶和华你的神，单单事奉他......'"（路加福音 4: 8 NIV）。"......他们敬拜偶像，虽然耶和华曾说：'不可这样行......'（王下 17:12）。"......耶和华说：'这些百姓用口亲近我，用嘴尊敬我，心却远离我。他们对我的崇拜仅仅是基于他们所教导的人类规则......"（以赛亚书 29:13 NIV）。"......他们将神的真理换成了谎言，敬拜和服侍受造之物，而不敬拜和服侍永远受赞美的造物主。阿门......"（罗马书 1:25 NIV）。

"因此，既然我们正在接受一个不能动摇的国度，让我们感恩，并以敬畏和敬畏的心敬拜神……"（希伯来书 12:28）。"……你们要向耶和华唱新歌；全地都要向耶和华歌唱。你们要向耶和华歌唱，赞美他的名，天天传扬他的救恩。在列国中述说祂的荣耀，在万民中述说祂奇妙的作为。因为耶和华为大，当受称颂。当敬畏他，胜过敬畏万神。外邦的神都是偶像。惟有耶和华造天。辉煌和威严在他面前；力量和荣耀在他的圣所。万国各族啊，你们要将荣耀能力归给耶和华，归给耶和华。要将耶和华的名所当得的荣耀归给他，献上供物，进入他的院宇。要在他圣洁的荣耀中敬拜耶和华，全地要在他面前战兢。在列国中说："耶和华作王。"世界坚固，不能动摇；他要公平地审判万民。愿天欢喜，愿地快乐；愿海和其中的万物回响。愿田野和其中的一切欢乐；愿林中的树木都欢呼。愿一切受造之物在耶和华面前欢喜，因为他来了，要审判全地。他要按公义审判世界，按他的信实审判万民……"（诗篇 96 篇）。"……敬拜耶和华你的神，……"（出埃及记 23:25）。

91.赞美是一种内在的反应，会导致内心对神的许多祝福或益处表现出"感恩"或"荣耀"的态度。当你记得神如何帮助你、拯救你、祝福你、赐恩给你、赐予你日常的怜悯、坚守在你身边并为你提供服务时，赞美神就很容易了。然而，人们衷心赞美他，即使事情似乎不顺利，也要赞美他，因为上帝"从不"停止值得称赞！赞美是对他的爱的感激，对他是谁的荣誉，以及对他的慷慨的感激的回应。崇拜来自内心，通过歌曲、祈祷、崇拜以及告诉别人他所做的伟大事情来表达！！赞美是表达你对神的爱的一种方式吗？是，为什么或为什么不？赞美是表达我爱你的一种方式，我感谢你（你的爱、你的善良、你的圣洁等）以及你所做的事情"因此，让我们通过耶稣不断地向上帝献上赞美的牺牲--公开宣扬祂名字的嘴唇的果实……」（希伯来书 13:15 NIV）。"……以感谢为祭献给神，向至高者许愿……"（诗篇 50:14）。"……耶和华啊，求你悦纳我口中的赞美……"（诗 119: 108）。"……将赞美的话传给他们的嘴唇。愿他们有充足的和平……」（以赛亚书 57：19 NLT）。"……喜乐和欢乐的声音，新娘和新郎的声音，以及向耶和华殿献感谢祭的人的声音，说：'你们要称谢万军之耶和华，因耶和华本为善；他的慈爱永远长存。耶和华说："我必使这地复兴，像从前一样。"（耶利米书 33:11）。"……因此，既然我们得到了一个不能动摇的国度，就让我们心存感激，借此我们可以怀着敬畏和敬畏之心向神献上可接受的服务……"（希伯来书 12:28 NASB）

"……除去一切罪孽，慷慨地接待我们，使我们可以献上我们嘴唇的果子……"（何西阿书 14: 2 NASB）。"……我要求告那配受赞美的耶和华……"（诗篇 18: 3）。''……耶和华啊，愿你因自己的能力被高举；我们也要歌唱赞美大能……"（诗篇 21:13）。"耶和华啊，我要一心称谢你；我要述说你一切奇妙的作为。我要因你欢喜快乐。至高者阿，我要歌颂你的名。"（诗 9: 1-2）。"……你们要赞美耶和华。在神的圣所赞美他，在他权能的穹苍赞美他。赞美他大能的作为，按着他极美的尊荣赞美他。用角声赞美他，用诗篇和竖琴赞美他。用鼓和舞蹈赞美他：用弦乐器和管风琴赞美他。用响亮的凤凰赞美他，用高声的凤凰赞美他。凡有气息的，都要赞美耶和华。赞美主……」（诗篇 150 篇）。

____

____

____

92.可书写的学习是你故意做出的选择，让上帝的话语在你身上告知祂是谁，祂对你生命的神圣旨意，祂拯救的能力，以及祂的许多应许。"……你们勤奋研读圣经，是因为你们认为你们在圣经中拥有永生。这些就是为我作见证的经文……"（约翰福音 5:39 ）。"……所有的经文都是神所默示的，都有助于教导、斥责、纠正和训练公义，使神的仆人能完全装备一切善工……"（提摩太后书 3:16 -17 ）。"……我不以福音为耻，因为福音是神的大能，拯救一切相信的人，首先是犹太人，也是希腊人……"（罗马书 1:16 NASB ）。"……因为神的应许有多少，在祂里面也是如此……阿们……"（哥林多后书 1: 2 NASB ）。圣经学习是对他的爱的回应，因为你接受它作为你生活的真理、指导、成长、安全和祝福的来源。"……你的道就是真理……"（约翰福音 17:17 和合本）"……你的道就是我脚前的灯，我路上的光……"（诗篇 119: 105 和合本）。"……像新生婴儿一样，渴慕圣言的纯洁乳汁，借此可以在救恩方面成长……"（彼得前书 2: 2 和合本）。"……他们必大得平安……"（以赛亚书 54:13 KJV ）。"……但祂说："相反，那些听神的话并遵守的人是有福的……"（路加福音 11:28 NASB ）。）当你学习和理解神的真理时，圣经学习会使你更接近祂。"……凡听见父，又学习父的，就到我这里来……"（约翰福音 6 ：45 ）。"……亲近神，他就亲近你……"（雅各书 4: 8 ）。"……至于我，亲近神是好的……"（诗 73:28 ）。个人圣经学习是表达你对神的爱的一种方式吗？是，为什么或为什么不？圣经学习可以帮助你学习和理解神的诫命。当你们学习和明白神的诫命时，你们对他的爱将使你们遵守。"……你们若爱我……〔如你所说〕，……就必遵守我的诫命……"（约翰福音 14:15 KJV ）。"……耶和华的律法是完全的，能使人复原；耶和华的见证是确实的，能使愚人有智慧。耶和华的训词是正直的，使人心喜乐；耶和华的命令洁净，使人眼目明亮。敬畏耶和华是清洁的，永远长存；耶和华的典章是真实的，都是公义的。它们比黄金更可取，是的，比许多精金更可取；也比蜂蜜和蜂窝的滴水更甜。此外，他们还警告你的仆人。留住他们有极大的赏赐……"（诗篇 19: 7-11 ）。

____

____

____

93.祈祷者是每天、持续和定期与上帝故意沟通和交流。祈祷是对他的爱的回应，因为我们在需要的时候自信地来到他的恩典宝座，让我们的神知道我们的许多或各种各样的要求。"……那么，让我们满怀信心地接近神的恩典宝座，这样我们就可以得到怜悯，找到恩典，在我们需要的时候帮助我们……（希伯来书 4:16 NIV ）。"……不要小心，只要凡事藉着祷告、祈求和感恩，将你们所求的告诉神……"（腓立比书 4: 6 ）。祈祷允许你随时随地与全能、神圣的上帝沟通。圣经中祷告的例子是什么？主的祷告是圣经中祷告的榜样"......事情是这样的，当他在某个地方祷告时，当他停止祷告时，他的一个门徒对他说，主啊，教我们祷告，就像约翰也教他的门徒一样。耶稣对他们说："你们祷告的时候，要说：'我们在天上的父，愿人都尊我们的名为圣。你的国降临。他们必成就，如同在天上，如同在地上。每天给我们每天的面包。求你赦免我们的罪，因为我们也赦免一切欠我们债的人。求你不要叫我们遇见试探，只要救我们脱离那恶者。耶稣对他们说，你们中间谁有朋友，半夜到他那里去，对他说，朋友，借给我三个饼。因为我的一个朋友在他的路上来到我这里，我没有什么可摆在他面前的。他必从里面回答说，不要烦我。门已经关了，我的儿女也同我在床上，我不能起来赐给你。我告诉你们，虽然他不会起来给他，因为他是他的朋友，但由于他的固执，他会起来给他所需要的。我告诉你们，你们祈求，就给你们；寻找，就寻见；叩门，就给你们开门。因为凡祈求的,就得着。寻找的,就寻见。叩门的,就给他开门。如果一个儿子向你们中任何一个父亲要面包，他会给他一块石头吗？或者，如果他问一条鱼，他会因为一条鱼而给他一条蛇吗？如果他要鸡蛋，他会给他一只蝎子吗？你们若是作恶的，就知道怎样赐福给你们的儿女。何况你们的天父，更要将圣灵赐给求他的人呢？」（路加福音 11 ： 1-13 ）。

"......他为此对他们讲了一个比喻，说人应当常常祷告，不可昏厥；说，在一座城里有一个审判官，不敬畏神，也不看重人；那城里有一个寡妇；她来到他那里，说，为我的敌人报仇。他暂时不肯，后来心里说，我虽然不惧怕神，也不看重人，但因这寡妇扰乱我，我必为她报仇，免得她常来，使我厌烦。耶和华说，你们要听那不义的审判官所说的话。神岂不报复自己的选民吗？他们昼夜呼求神，神却与他们忍耐，岂不报复吗？我告诉你，他会迅速为他们报仇。然而，当人子降临的时候，他会在地上找到信心吗？」（路加福音 18 ： 1-7 ）。祷告是表达你对神的爱的一种方式吗？是，为什么或为什么不？祷告是我们与上帝交谈的方式，也是我们与上帝同在的方式。"......你们祷告的时候，不要像假冒为善的人一样，因为他们喜欢站在会堂和街角祷告，让别人看见......（马太福音 6: 5 NIV）。"......你们当这样祷告：'我们在天上的父，愿人都尊你的名为圣......"（马太福音 6: 9）。"......在祷告中要......忠心......"（罗马书 12:12 NIV）。"......并用各种祷告和祈求，在任何场合用圣灵祷告......"（以弗所书 6:18 NIV）。"......不要为任何事忧虑，但在任何情况下，都要藉着祷告和祈求，带着感恩，将你们的请求呈现给神......"（腓立比书 4: 6 NIV）。"......你们要专心祷告......"（歌罗西书 4: 2 NIV）。「......要常常祷告......」（帖撒罗尼迦前书 5:17）。"......我劝勉，首先，要为万民祈求、祷告、代求和感恩--"（提摩太前书 2: 1）。「......人应当常常祷告......」（路加福音 18：1）。

94.敬畏神是对神、他的话语、他的品格、他的能力、他的应许和他神圣的爱的绝对和自信的信仰。"......以色列看见耶和华所行的大事......就信了耶和华......"（出埃及记14:31）。"......因为我知道我所信的是谁，也深信他能保全我所托付他的，直到那日......"（提摩太后书1:12）。"......认识你名的人必倚靠你，因为耶和华啊，你没有离弃寻求你的人......"（诗9:10）。"......以色列啊，你要倚靠耶和华；他是他们的帮助，他们的盾牌。你们敬畏耶和华的，要倚靠耶和华。他是〔你们〕的帮助，〔你们〕的盾牌。"（诗115:9,11）"......我倚靠你的慈爱......"（诗篇13:5）。"......我倚靠神的慈爱，直到永永远远......"（诗篇52:8 NASB）。"......神是我的救恩，我必倚靠他，并不惧怕......"（以赛亚书52:2 NASB）。"......我们的祖宗倚靠你；他们倚靠你，你搭救他们。他们向你呼求，就蒙拯救；他们倚靠你，并不羞愧......"（诗22:4-5）。"......他把我从坑里拉上来......他把我的脚放在磐石上......他把一首新歌放在我口中......许多人会看见，会害怕，会信靠耶和华......"（诗篇40:2-3 NASB）。"......为了使你们信靠耶和华，我今日教训你们，连你们也是如此。我岂不是将美好的谋略和知识写给你们，使你们知道真理的言语，好使你们正确回答那差你们来的人吗？」（箴言22:19-21 NASB）。"......耶和华的话经受了考验......我倚靠你的话......神的每一句话都经受了考验；他是那些投靠他的人的盾牌......"（诗篇18:30、119:42和30:5 NASB）。

"......耶和华是我的力量，我的盾牌；我心倚靠他，我就蒙帮助......"（诗篇28:7）。"......他应允他们的祷告，因为他们信靠他......"（历代志下5:20）。对上帝的信任是对他的爱的回应，并通过你平静与和平的立场表明你对他对你的个人关怀的信心。对上帝的信任从来不是建立在情感之上，而是建立在真理之上。"......你们心里不要忧愁：你们信神，也当信我......我就是道路、真理、生命......"（约翰福音14：1，6）。"......你要专心仰赖耶和华，不可倚靠自己的聪明。在你一切所行的事上都要认他，他必指引你的路"（箴言3:5-6）。"......倚靠耶和华，强如倚靠人......"（诗118:9）。"......坚定不移的心灵，你将保持完美的和平，因为他信任你。"你们要永远倚靠耶和华，因为我们有永远的磐石......"（以赛亚书26:3-4）。"......信靠耶和华的，他的周围必有慈爱......"（诗32:10）。信任是表达你对神的爱的一种方式吗？为什么或者为什么不呢？"耶和华啊，我却倚靠你；我说：你是我的神......"（诗篇31:14）。"......我的神啊，我倚靠你......"（诗25:2）。"......主啊，我倚靠你，我说：'你是我的神。"......"（诗篇25:1 NASB）。"住在至高者隐密处的，必住在全能者的荫下。我要论到耶和华说，他是我的避难所，是我的山寨。他是我的神，我要倚靠他。他必拯救你......你必投靠在他的翅膀底下。他的诚实必作你的盾牌和盾牌。......因为他爱我，所以我必拯救他。我必将他安置在高处，因为他知道我的名。他要呼求我，我就应允他，在患难中，我要与他同在；我要搭救他，使他得荣耀。我要使他长寿，得饱足，将我的救恩指示他......"（诗篇91篇）。

95.服从是由上帝赐予的信心所激发的内在动机的外在行为。 服从是行动中的转变过程，或"......神的工作......"（约翰福音 6:29）。"......这就是神的作为，叫你们信他所差来的。」（约翰福音 6 ： 28-29）。信心激励服从的行为，并表明你"......相信神所差来的......""......这是神的工作，就是你们相信他所差来的。」（约翰福音 6 ： 28-29）。"〔亚伯拉罕的〕......信心和他的行动是相辅相成的，他的信心因他的所作所为而完全。 圣经应验了，说："亚伯拉罕信了神......"（雅各书 2:18 -24）。服从是表达你对神的爱的一种方式吗？为什么或者为什么不呢？ 你对神的爱和奉献的证据不仅在于你所做的，还在于你对自己所做的事的信心。"......他的信心和他的行为是一起工作的......"（雅各书 2:18 -24）。"......亚伯拉罕信了神......"（雅各书 2 章）。"......你们若爱我......〔如你们所说〕，就必遵守我的诫命......"（约翰福音 14:15 KJV）。"......如果我们遵守诫命，我们就可以"肯定"认识他。如果有人声称"我认识神"，但不遵守神的诫命，那么这个人是一个骗子，不生活在真理中。但那些服从神话语的人确实表明了他们是多么完全地爱祂。这就是我们如何知道我们生活在祂里面。那些说自己住在神里的人应该像耶稣一样生活......"（约翰一书 5 ： 3-6 NLT）。"......我们知道，如果我们爱神并遵守祂的诫命，我们就爱神的儿女。爱神意味着遵守祂的诫命，祂的诫命并不沉重......。」（约翰一书 5 ： 2-3 NLT）。"...... ......」（约翰一书 5 ： 3-6 NLT）。"......凡......行他道的都是有福的......"（诗篇 128: 1）。"......爱神就是遵守祂的诫命......」（约翰一书 5 ： 2-3 NLT）。

第 6 章

服从，
行动中的转变
成长

"......顺服到死......"（腓立比书 2：8 KJV）

圣经说："他既以人的样式显现，就自卑，顺服到死，就是十字架的死。"（腓立比书 2：8 KJV）。

课程的目的或目标：学习关于顺服行事的实用和适用的真理。

应用课程：将圣经真理付诸实践，以见证通过服从的转变过程。

主题讨论：了解耶稣如何表达他对神的爱，以及你如何通过顺服的行动表达对神的爱。这种对神的爱只有通过遵守祂的诫命才能表现出来，并且会在每一个谦卑顺服的行为中显明出来。"......如果你们爱我......〔如你们所说〕，〔你们要〕......遵守我的诫命......"（约翰福音 14：15 KJV）。遵守祂的诫命意味着完全委身于神。在与神的关系中，完全、坚定的顺服是给予神的。如果你们服从，你们就不是真正的相互关系。"......如果你们爱我......〔如你们所说〕，〔你们要〕......遵守我的诫命......"（约翰福音 14：15 KJV）。当上帝不是你的父亲和照顾者时，你会做你自己眼中正确的事，而不是上帝的事。回到旧约，当时以色列没有"......君王（尊贵的看护者），......每个人都做了自己眼中看为对的事。......"（士师记 17：6 KJV）。圣经还说："因为神在你们心里动工，是叫你们愿意，也是叫你们行他所喜悦的事"（腓立比书 2:13）。你内心的事就出来了："因为邪恶的思想......邪恶......骄傲......都是从里面来的......"（马可福音 7：21-23）。耶稣变得顺服（腓立比书 2：8）。在相互关系中，你服从，因为你爱上帝；期间！！！对上帝的衷心爱是代价高昂的。这使耶稣付出了生命的代价。因此，「......跟随〔耶稣〕......」（路加福音 14:27 KJV）是很昂贵的。当对神的爱在你的生活中发挥作用时，它将通过你的服从显而易见，并将通过改变和富有成果的生活进一步证明（哥林多后书 5:17 ；加拉太书 5:22 -23 ）。服从是行动中的转变过程，伴随着圣灵的能力和神赐予的信心。顺服、圣灵和神所赐的信心一起，将帮助你真正"成为"像基督一样的人。通过顺服，在耶稣基督的恩典和知识中逐渐成长的生活经历了转变（彼得后书 3:18 ，罗马书 8:29 ）。 然而，服从不仅仅是你所做的事情；它是你通过信心成为的东西。"……耶稣变得顺服……」（腓立比书 2:8 ）。"……罪不再是你的主人，因为你不再生活在法律的要求之下。相反，你生活在神恩典的自由之下……」（罗马书 6:14 NLT ）。服从不是做对或不做对，因为你不再遵守一堆法律。服从现在是关于信仰或不信仰，因为你是在恩典之下。当圣经说，"……你们若爱我……〔如你所说〕， ……就必遵守我的诫命……"（约翰福音 14:15 KJV ）；这是指对神的诫命有"信心"。服从是信心的结果。像耶稣一样，你变得顺服。换句话说，服从现在是信仰的一个因素。如果你不锻炼你的信心，你是否有不服从？不，你有不信。当有法律的时候，你就会不服从。你不在律法之下，你在恩典之下，所以只有信仰和不信仰。雅各说："……我必以我的行为（顺服的行为）将我的信心显给你们看……"（雅各书第 2 章）。他的行为或顺从行为是他信仰的结果。此外，雅各说："……我们的祖宗亚伯拉罕将儿子以撒献在祭坛上，他所做的（顺服的行为）岂不是被认为是公义的吗？你看，他的信心和行动是相辅相成的，他的信心因他所〔服从的〕而得以完成……圣经说：『亚伯拉罕信了神，就算为义……』（雅各书 2 ： 18-24 ）。真正的信徒永远不会感到独立于神的诫命而舒适地生活。耶稣说："我从天上降下来，不是要遵行自己的旨意，乃是要遵行差我来者的旨意"（约翰福音 6 ： 38 ）。服从将证明你持续参与到与神的相互关系中。它还将通过基督表现出对神真诚的爱，以敬虔的果子和信心为证（加拉太书 5 ： 22-23 ）。救恩和信心是相辅相成的。因此，简单地佩戴基督徒的头衔并不意味着没有服从，这是信仰的结果，对他的诫命。"……如果你们爱我……〔如你们所说〕，〔你们要〕……遵守我的诫命……"（约翰福音 14 ： 15 KJV ）。

耶稣如何表达他对神的爱

96.耶稣怎么说世人会知道他爱上帝，他的父亲？藉着相信他所吩咐他去做的，然后去做"……使世人知道我爱父；父怎样吩咐我，我也照样去做……"（约翰福音 14:31 KJV ）。"……最大的爱莫过于舍命……"（约翰福音 15:13 NLT ）。

____

____

____

97.耶稣做了什么来保持对神的顺服？他谦卑自己"……谦卑自己，顺服到死，就是十字架的死……"（腓立比书 3: 5 ）。"他虽然是儿子，却因所受的苦难学会顺从……"（希伯来书 5: 8 ）。"他既是神的形像，就不以为与神同等是抢劫，反倒自取无名，成了仆人的形像，成了人的样式……"（腓立比书 2: 6-7 KJV ）。"……我放下我的生命……没有人从我身上夺走它，但我自愿放下它。我有权放下它，也有权再次拿起它。这是我从父领受的命令……"（约翰福音 10:17 -18 ）。

98.描述耶稣与父神的关系。他们是一个独特的、不可分割的统一体，在各个方面都像同卵双胞胎。如果你看到其中一个，你就看到了另一个"我和我的父亲是一体的。"（约翰福音 10:30 KJV）。"……他看见父所做的……他也……以同样的方式"（约翰福音 5:19 KJV）。"……子凭着自己不能做任何事〔并说〕……我凭着自己不能做任何事……"（约翰福音 5:19,30 KJV）。"我从天上降下来，不是要遵行自己的旨意，乃是要遵行差我来者的旨意"（约翰福音 6：38）。

99.耶稣的顺服帮助他做到并成为什么？耶稣是神的私人仆人，他做了神要他做的任何事。上帝希望他成为许多人的赎罪祭品或赎金，这正是他所做的。所有信徒都从他的顺服中获益，"……[耶稣来]……不是为了受人服侍，而是为了服侍，并以他的生命作为许多人的赎价……"（马太福音 20:28）。"……因为父赐给我要我完成的工作，就是我所做的工，见证了父差了我来"（约翰福音 5:36 KJV）。"然后耶稣解释说："我的营养来自遵行差我来的神的旨意，并完成他的工作"（约翰福音 4:34 NLT）。"……因为我从天上降下来，不是要遵行自己的旨意，乃是要遵行差我来者的旨意"（约翰福音 6：38）。"子是神荣耀的光辉，是神本体的确切代表……"（希伯来书 1：3 KJV）。"……至高无上……"，有"超乎万名之上的名"（腓立比书 2：9）。此外，"……天地万物，地底下万物，都要屈膝归耶稣的名；凡舌头都要承认耶稣基督是主，归荣耀给父神"（腓立比书 2:10 -11）。

100.耶稣是否因顺服而受苦？是的，如何？通过他的许多苦难和他的苦难，他仍然服从"……他退后一箭，跪下来祈祷，"父啊，如果你愿意，请从我这里拿走这杯；但不是我的旨意，但愿你的旨意成就"（路加福音 22:42 -43）。"在他肉体的日子，当他向那能救他免于死亡的人大声哭泣和流泪祈祷和恳求，并且因他害怕而被听见；虽然他是一个儿子，但他因所受的苦难而学会服从；并且被成全，他成为所有服从他的人永恒救恩的作者；……"（希伯来书 5：7-8-9 KJV）。"因此，既然基督在肉身受苦，你们也要以同样的态度武装自己，因为凡在肉身受苦的，就是犯罪……"（彼前 4：1）。"他虽然是儿子，却因所受的苦难学会顺从……"（希伯来书 5：8）。

你如何表达对神的爱

101.您如何表达对上帝的爱？像耶稣一样遵守祂的诫命"......有了我的诫命，就爱我......"（约翰福音 14:21）。"......你们若爱我......〔如你所说〕，就必遵守我的诫命......"（约翰福音 14:15 KJV）。"......尽心尽性尽性尽力尽意爱耶和华你的神......"（路加福音 10:27 KJV）。"......不要......向〔他〕行善（顺服），〔特别是当〔他〕在你〔你的〕手中时......"（箴言 3:27 KJV）。"......赔还......他们所有的欠款：应贡给谁的贡品；应贡给谁的习俗；应畏惧谁的敬畏；应孝敬（顺服）谁的尊荣（顺服）......"（罗马书 13: 7 KJV）。要顺服"......他为（你）行了大事......"（诗篇 126: 3）。"......这就是爱，你们要遵行祂的诫命。这就是诫命，你们从起初所听见的，也当遵行。」（约翰二书 1: 6）。

____

____

____

102.什么态度对一个人服从很重要？谦卑"你们要在主面前谦卑，他必叫你们升高"（雅各书 4:10）。"所以，你们要谦卑在神大能的手下，到了时候，他必叫你们升高......"（彼得前书 5: 6 KJV）。"......但心地卑微（谦卑），各人当尊重别人，胜过尊重自己......〔耶稣〕使自己没有名声，取了仆人的形像......"（腓立比书 2: 3,7 KJV）。"......神反对骄傲的人，却恩待谦卑的人......"（雅各书 4: 6）。"我藉着赐给我的恩典，对你们中间的每一个人说，不要把自己看得比他应该想的更高......"（罗马书 12: 3 NIV）。

____

____

____

103.在服从中知道什么是重要的？无论你面对什么，你都可以遵守（有信心）他的诫命，因为神爱你，并应许一切都会为「好」而一起工作。"......〔没有什么〕......能使我们与神的爱隔绝，神的爱在我们的主基督耶稣里......"（罗马书 8:31 -39）。"......爱是忍耐的，〔神的〕......爱是仁慈的。它不嫉妒，它不夸耀，它不骄傲。不羞辱别人，不追求私利，不轻易被激怒，不做错事记录。〔神的〕......爱不以恶为乐，却以真理为乐。它始终保护，始终信任，始终希望，始终坚持，[上帝的] ......爱永不止息"（哥林多前书 13: 4-8）。"......那么，我们要对这些事说什么呢？如果上帝支持我们，谁会反对我们？......谁能使我们与基督的爱隔绝？灾难，或苦难，或逼迫，或饥荒，或赤身露体，或危险，或刀剑？...... [不] ......但在所有这些事情上，我们都通过爱我们的祂而获得压倒性的胜利。......〔没有什么〕......能使我们与神的爱隔绝，神的爱在我们的主基督耶稣里......"（罗马书 8:31 -39）。"......因为他爱我，所以我必搭救他；我要使他升到高处，因为他知道我的名。他要呼求我，我就应允他，在患难中，我要与他同在；我要搭救他，使他得荣耀。我必以长寿使他得饱足，将我的救恩指示他......〔我曾〕用永远的爱爱〔你〕......"（诗篇 91 篇和耶利米书 31: 3 KJV）。

104.你能独自走在服从中吗？没有为什么或为什么没有？没有内住的圣灵，你不能做任何神所喜悦的圣洁或公义的事，"......离开我，你什么也做不了......"（约翰福音 15：5 NIV）。"因为神在你们心里动工，为要成就他的旨意，也要成就他的美意"（腓立比书 2：13）。耶稣已经赐给你们......一切有关生命和敬虔的事」（约翰福音 19：30；彼得后书 1：3）。"......子......要使你们自由，你们就真自由了。」（约翰福音 8:36 KJV）。

105.你能执行顺服的行为，而与神没有关系吗？是的，解释。人们可以模仿正义的行为，绕过与神的关系"......这百姓用口亲近我，嘴唇尊敬我，但......他们的心远离我......"（以赛亚书 24:19 KJV）。"到那日，必有许多人对我说，主啊，主啊，我们不是奉你的名说预言吗？奉你的名赶鬼吗？奉你的名行了许多奇妙的事吗？然后我要对他们说，我从来不认识你们，你们这些作孽的人，离开我去吧......"（马太福音 7:22 -23）。"......任何想成为我的追随者的人必须爱我远远超过爱自己的父亲、母亲、妻子、孩子、兄弟或姐妹--是的，超过爱自己的生命--否则他就不能成为我的门徒"（路加福音 14:26 NLT）。"......因为世上的万物......及其欲望都会消逝，但凡遵行神旨意的人就永远活着。」（约翰一书 2:16 -17）。「......与认识基督耶稣〔我们的〕......主相比，其他的一切都毫无价值。为了他的缘故，我已经抛弃了其他一切，把它们都当作垃圾，以便我可以获得基督"（腓立比书 3: 8 NLT）。

106.是什么阻碍了对上帝的服从？一颗叛逆的心在解释。当内住的基督不是你们的主时，你们宁愿做自己眼中看为正的事，也不愿做神看为正的事。"......那时在以色列中没有君王（如耶稣）......各人行自己眼中看为正的事。......"（士师记 17: 6 KJV）。"因为邪恶的思想......邪恶......骄傲......都是从人心里出来的......"（马可福音 7:21 -23）。"......因认识主和救主耶稣基督而逃脱了世界的污染后，他们被缠住并克服了，后者的结局比起初更糟糕。因为他们不认识公义的道，宁可等他们认识了，就离弃所传给他们的圣洁诫命。但根据真正的谚语，这发生在他们身上。狗又转向自己的呕吐物；被洗净的母猪在泥泞中打滚"（彼得后书 2：20-22）。"......你们要活得像顺服的儿女，不照着从前的私欲在你们无知中造化自己；但那召你们的本是圣洁的，所以你们在各样的谈话中要圣洁；因为经上记着说，你们要圣洁，因为我是圣洁的......"（彼得前书 1:14 -16）。

107.努力克服生活中的罪有什么好处？在生活中受苦以克服罪的人最终会克服罪，并在这些领域获得圣洁。"......肉身受苦（挣扎）的人已经不再犯罪......"（彼得前书 4: 1 KJV）。换句话说，受苦或挣扎的人；转变或获得圣洁的人。"......现在的苦难〔甚至〕不配与将在我们身上显现的荣耀相比。......"（罗马书 8:18 KJV）。"藉此赐给我们极大而宝贵的应许：使你们得以与神性同分，逃脱世上因私欲的败坏。除此之外，尽一切努力，增加你的信仰美德；和美德知识；和知识节制；和节制耐心；和耐心虔诚；和虔诚的兄弟般的仁慈；和兄弟般的仁慈。因为如果这些东西在你们里面，并且比比皆是，它们使你们在我们主耶稣基督的知识上，既不会贫瘠，也不会无果......"（彼得后书 1: 4-9）。

108.什么是头号目标或"神的工作？效法耶稣的形象和肖像"......效法他儿子的形象......"（罗马书 8 ： 29）。"......我们既承受地上的人的形象，也必承受天上的人的形象......"（哥林多前书 15 ： 49）。"......我们所有面无表情地默想主的荣耀的人，都正在被转变成他的形象，荣耀不断增加，这荣耀来自主，就是圣灵......"（哥林多后书 3 ： 18）。"......以下是基督赐给教会的恩赐：使徒、先知、传福音的人、牧师和教师。他们的责任是装备神的子民做他的工作，建立教会，基督的身体。这种情况将一直持续，直到我们在信仰和对神儿子的认识上合而为一，我们将在主里成熟，达到基督完全和完整的标准（他的形象）......"（以弗所书 4:11 -13 NLT），

109.如果主要的"神的工作"是成为基督般的；需要什么？你们用你们的信心信耶稣基督。"耶稣回答说："这就是神的作为，叫你们信他所差来的。」（约翰福音 6:29 KJV）。"......求你将你的信心无行为地显给我看，我就用我的行为将我的信心显给你看。你相信只有一位神。好，连恶魔都相信，而且不寒而栗。你这个愚蠢的人，你想要证据证明没有行动的信仰是无用的吗？ 我们的祖宗亚伯拉罕将儿子以撒献在祭坛上时所做的事，岂不被认为是义人吗？你可以看到，他的信心和行动是相辅相成的，他的所作所为使他的信心得以完成。经文应验了，说："亚伯拉罕信了神，算为义。"他被称为神的朋友。你看到一个人的行为被认为是正义的，而不仅仅是信心......」（雅各书 2 ： 18-24）。

110.由于顺服，耶稣成为"许多人的赎金"。他怎么说你？你们将做比他更大的事，这意味着你们将成为神呼召你们成为的人，并将在这个召唤中做大事："我实实在在地告诉你们，信我的人，我所做的事，他也要作；他要做比这些更大的事；因为我往父那里去"（约翰福音 14:12 KJV）。"……因为神在你们里面作工，为要成就他的美意"（腓立比书 2:13）。"……愿赐平安的神，……那伟大的牧羊人，为你们装备一切美好的事物，遵行他的旨意，愿他在我们里面行他所喜悦的事，藉着耶稣基督，愿荣耀归给他，直到永永远远。阿门"（希伯来书 13:20 -21）。"……但认识他们神的人必坚强，并行善事（大事）。……」（但以理书 11 ：32）。"善人的脚步，是耶和华所吩咐的；他的道，也是他所喜爱的"（诗 37:23）。

____

____

____

111.克服罪恶的斗争能证明什么？即使生活充满挑战，你仍然会在生活中遵守神的诫命，"……无论……〔你〕……是否遵守祂的诫命……"（申命记 8: 2 KJV）。"……耶和华忠心的门徒……即使受伤也要遵守他们的应许……"（诗篇 15: 4）。"……神试探亚伯拉罕……"（《圣经》22: 1 NASB）。"……在那里试验他们……"（出埃及记 15:25）。"……这样，我要试验他们，看他们是否遵从我的吩咐……"（出埃及记 16: 4 NIV）。"……上帝来是为了考验你……」（出埃及记 20 ：20）。"……使你谦卑，并试探你……"（《圣经》8:16）。"……耶和华你们的神正在试探你们，要知道你们是否全心全意爱他……"（申命记 13: 3 NIV）。"……你们是否……遵守他的诫命……"（申命记 8: 2 KJV）。

____

____

____

112.神呼召祂的百姓顺服吗？是，为什么或为什么不？是的，顺服是神的子民与众不同的方式"……但我吩咐他们说，听从我的话，我要作你们的神，你们要作我的子民，遵行我所吩咐你们的一切道，使你们得福……"（耶利米书 7:23）。"……这律法书不可离开你的口，总要昼夜思想，好使你谨守遵行这书上所写的一切话；这样，你必使你的道路亨通，也必亨通……"（约书亚记 1 ：8）。"……你们要作行道的人，不要只作听道的人……"（雅各书 1:22）。"……所以要羞辱你们在地上的肢体；淫乱、不洁净、过度的情感、邪恶的贪婪和贪婪，这是偶像崇拜；为了什么，神的忿怒临到不顺服的儿女……"（歌罗西书 3: 5-6）。"……如果天使的话语是坚定的，每一个……不顺服的人都得到了公正的报酬，我们该如何逃脱？……"（希伯来书 2: 2-3 KJV）。"……你们为什么称呼我，主啊，主啊，却不遵行我所说的话呢？」（路加福音 6 ：46）。"……惟有听天主的话并遵行的人，才是有福的！……"（路加福音 11:28 NRSV）。

____

____

____

113.你现在有什么能让你战胜罪恶的力量？内住的圣灵"我可以藉着基督做一切使我坚固的事。」（腓立比书 4:13 KJV）。"......耶稣基督在你们里面......"（哥林多后书 13: 5 KJV）。"......基督在你们里面......"（歌罗西书 1:27 KJV）。"......神的灵住在你们里面......"（罗马书 8: 9 KJV）。"......如果基督在你们里面......（罗马书 8:10 KJV）。"倘若那叫耶稣从死里复活之人的灵住在你们里面......"（罗八 11）。"我与基督同钉十字架：然而我活着；却不是我，而是基督在我里面活着......"（加拉太书 2:20）。"直到基督在你们里面成形......"（加拉太书 4:19）。"岂不知你们是神的殿，神的灵住在你们里头吗？」（哥林多前书 3:16 KJV）。"什么？难道你们不知道，你们的身体是圣灵的殿，圣灵在你们里面，你们是从神而来的，你们不是自己的人吗？」（哥林多前书 6:19 KJV）。"......神曾说，我要住在他们里面，在他们里面行走；我要作他们的神，他们要作我的子民"（哥林多后书 6:16）。

____

____

____

114.是什么让你开始爱神并服从他的话语？通过认识和获得他爱你的启示知识，并锻炼你的信心"我们爱，因为他先爱我们"（约翰一书 4:19 ASV）。"......你们若爱我，就必遵守我的命令"（约翰福音 14:15）。"......现在，大多数人不愿意为一个正直的人而死，尽管有人可能愿意为一个特别好的人而死。但神在我们还是罪人的时候，差遣基督为我们而死，以此显示祂对我们的极大爱......"（罗马书 5: 7-9 NLT）。"......因为神爱世人，甚至将他的独生子赐给他们，叫一切信他的，不至灭亡，反得永生"（约翰福音 3：16）。"这里有爱，不是我们爱神，而是祂爱我们，差遣祂的儿子为我们的罪作赎罪祭。」（约翰一书 4:10 KJV）。神"......不饶恕自己的儿子〔免受痛苦〕，却为我们众人交出他......？"（罗马书 8:32 KJV）。"......你们若爱我，就必遵守我的命令"（约翰福音 14:15）。

____

____

____

第 7 章

信奉基督教（非实时）

"……这些人用嘴唇尊敬我，

　但他们的心远离我……"（马太福音 15: 8 NLT）。

"……我从来不认识你们，你们这些作孽的人，离开我去吧……"（马可福音 7 ： 21-23）。

经文："这百姓用口亲近我，用嘴尊敬我，心却远离我……到那日必有许多人对我说：'主啊，主啊，我们不是奉他们的名预言吗？奉你的名赶鬼？并以你的名义做了许多奇妙的工作？那时我必对他们说，我从来不认识你们；你们这作孽的人，离开我去吧……。（马太福音 15: 8 NLT 和马太福音 7:22 -23 KJV）。

课程的目的或目标：学习作品不会让你像基督一样。

课程的应用：检查你如何做基督教，而不是真正成为像基督一样

主题讨论：学习表演基督教的罪恶和做精彩作品的罪恶。"做"基督教可以被定义为特定于基督教文化的宗教和社会行为或活动的集合，例如预言、驱逐魔鬼和做奇妙的事情。"凡称呼我主啊，主啊的人，不能都进天国；惟独遵行我天父旨意的人，才能进去。那日必有许多人对我说，主阿，主阿，我们不是奉你的名说预言吗？奉你的名赶鬼吗？奉你的名行了许多奇妙的事吗？我就对他们说，我从来不认识你们，你们作孽的，离开我去吧"（可 7:21 -23）。其他宗教或社会化行为是基督徒之间常见或重复的做法，源于仪式、集体宗教知识、陈词滥调、与宗教团体的习惯性团契以及家庭宗教模式。"法利赛人和宗教律法师问他："你的门徒为什么不遵守我们古老的传统？耶稣回答说："你们这些伪君子！……你们的敬拜是一场闹剧……因为你们忽视神的律法，代替自己的传统……"（马可福音 7: 6-8）。再一次，"……法利赛人和宗教律法教师问他，'你的门徒为什么不遵循我们古老的传统？耶稣回答说："你们这些伪君子！以赛亚预言你是对的，因为他写道："这些人用嘴唇尊敬我，但他们的心远离我。他们的敬拜是一场闹剧，因为他们把人造的思想作为神的命令来教导。"因为你们藐视神的律法，以自己的传统代替……"（马可福音 7 ： 6-8）。社会化行为或活动表明

"做"基督教比任何其他解释都好。"……你们巧妙地……持守自己的传统……"（马可福音 7: 9 NLT）。它展示了个人如何在他们的基督教环境中通过观察和模仿他人来掌握或获得基督教实践。"……你们这些假冒为善的文士和法利赛人有祸了，因为你们在海上和陆地上四处旅行，使一个人改变宗教信仰；当他成为一个人的时候，你们使他成为地狱之子，比你们自己多一倍"（马可福音 23 ： 15）"……他们的敬拜是一场闹剧，因为他们把人造的思想当作神的吩咐来教导和学习……"（马可福音 7 ： 6-8）。基督教的做法仅

仅是通过观察、复制、参与、交换和模仿他人的外在行为而获得的，这与宗教团体产生了精神上的依恋。"……你们巧妙地回避神的律法，为要保守自己的传统……"（马可福音7: 9）。这种属灵的依恋类似于基督和信徒之间的相互依恋，但事实并非如此。"……你巧妙地回避神的律法，以"持守"你自己的传统……"（马可福音7: 9 NLT）。"……因为你们藐视神的律法，以自己的传统代替……"（马可福音7: 6-8）。这种依恋介于基督教和信徒之间。信徒不是通过基督依附上帝，而是依附于他或她的宗教习俗和活动。"……你巧妙地回避神的律法，以"持守"你自己的传统……"（马可福音7: 9 NLT）。

这种属灵的依恋也可以对信徒保持非常强烈的情感纽带。特别是，经过多年的宗教实践、承诺和对这种形式的基督教文化的依恋。"……你巧妙地回避神的律法，以"持守"你自己的传统……"（马可福音7: 9 NLT）。通过终身社会化行为对基督教文化的依恋成为传统，大多数信徒是传统习俗和仪式的大师或专家。"……你们巧妙地…… '持守'自己的传统……"（马可福音7: 9 NLT）。大多数基督教信徒认为，表演活动--例如去教堂、领圣餐、遵守十诫、祈祷、参与教会活动、在社交媒体上发布宗教材料、知道某些陈词滥调和圣经经文、在正确的时间大喊大叫、看起来或表现得虔诚、遵守严格的规则、在正确的时间说"阿们"、听福音音乐、穿宗教服装等--是真正基督教的主要指标，但事实并非如此。仅仅因为你参与了上述活动并掌握了它们，并不意味着你通过基督与神建立了亲密的关系。你可以忠实地参与这些活动，但仍然依附于宗教而不是神。"……这些人用嘴唇尊敬我，但他们的心远离我……"（马太福音15: 8 NLT）。

表演基督教的罪恶

115.什么是罪孽或作孽的工人？罪恶意味着你犯了根深蒂固的罪，理应受到上帝的惩罚。罪恶是罪恶或违法行为，已经成为故意的，持续的，如此根深蒂固的它已经成为你的身份。根深蒂固的大罪生活方式是对罪恶的故意承诺。罪孽是你们的主，不是基督。

____

____

____

116.为什么有些人信奉基督教？他们正在实践宗教传统经文通过基督与神的关系"你巧妙地……持守自己的传统……"（马可福音7: 9 NLT）。

____

____

____

117.为什么法利赛人被认为是宗教表演者？因为他们外表看起来像真实的东西，但在内心却是虚伪的："你们有祸了，文士和法利赛人，假冒为善的人！因为你们就像白色的坟墓，外面看起来很漂亮，但里面却充满了死人的骨头，和一切的污秽……"（马太福音23:27 KJV）。

118.可以教导基督徒的宗教行为，如仪式、集体宗教知识、陈词滥调、习惯性奖学金和传统的榜样。是的，解释一下。我们可以像我们在其他行为和传统中一样被社会化、塑造或塑造成基督教"所以法利赛人和宗教法教师问他，"你的门徒为什么不遵循我们古老的传统？耶稣回答说："你们这些伪君子！......你们的敬拜是一场闹剧......因为你们忽视神的律法，用自己的传统代替'......"（马可福音 7: 6-8）。"......法利赛人和宗教律法教师问他，'你的门徒为什么不遵守我们古老的传统呢？耶稣回答说："你们这些伪君子！以赛亚预言你是对的，因为他写道："这些人用嘴唇尊敬我，但他们的心远离我。他们的敬拜是一场闹剧，因为他们把人造的思想作为神的命令来教导。"因为你们藐视神的律法，以自己的传统代替......"（马可福音 7 ： 6-8）。"你们巧妙地......持守自己的传统......"（马可福音 7: 9 NLT）。"......你们这些假冒为善的文士和法利赛人有祸了，因为你们在海上和陆地上四处旅行，使一个人改变宗教信仰；当他成为一个人的时候，你们使他成为地狱之子，比你们自己多一倍"（马可福音 23 ： 15 "......他们的敬拜是一场闹剧，因为他们把人造的思想当作神的吩咐来教导和学习......"（马可福音 7 ： 6-8）。NASB）。

119.当你只是从基督徒社区观看、复制、参与、交流和模仿人类行为时，它可以产生对宗教的依恋，而不是对上帝的依恋。解释。我们经常做事是因为别人做事，或者我们被教导去做事。基督教也是如此。我们虔诚地实践它，是因为我们被教导如何去做，而不是因为我们与基督有个人关系。"......你们巧妙地回避神的律法，为要保守自己的传统......"（马可福音 7:9）。"......因为你们藐视神的律法，以自己的传统代替......"（马可福音 7: 6-8）。"......犹太人，特别是法利赛人，直到他们把水倒在他们杯中的手上，才吃饭，这是他们古老的传统所要求的。同样，在将手[浸入水中]之前，他们不会吃市场上的任何东西。这只是他们坚持的众多传统之一，例如他们在仪式上洗杯子、水壶和水壶。119.法利赛人和宗教法教师问他："你的门徒为什么不遵循我们古老的传统？......耶稣回答说："你们这些伪君子！......」（马可福音 7: 6-8 NLT）。

单纯做精彩作品的罪恶

120.对宗教的宗教承诺和对基督的关系承诺之间的区别是什么？宗教承诺是与宗教的关系，关系承诺是通过基督与神的关系"但与主结合（依附）的是一个灵[与神] ......"（哥林多前书 6:17 KJV）。

____

____

____

121.你能用嘴唇和工作荣耀神，却不委身于他吗？是的，解释一下。人们可以说一件事，但做一些完全不同的事情。您的言论将始终通过您的行为得到验证。"......这些人用嘴唇尊敬我，但他们的心远离我......"（马太福音 15: 8 NLT）。

____

____

____

122.情感主义不是真正的崇拜。真正的敬拜者如何敬拜神？他们尊敬并屈服于他，真正敬拜我们的圣父，并通过内住圣灵的赋能力量，敬拜他圣言的真理。"......真正敬拜的人要用心灵和诚实敬拜父......"（约翰福音 4:23）。"......但与主联合的，就是〔神〕的一个灵......"（哥林多前书 6:17）。

____

____

____

123.什么是基于提摩太后书 3: 1-6 的情感主义。情感主义将崇拜呈现为一种敬虔的系统、实践或公式，但如果没有将神的大能包含在其中。"......在末世，艰难的时刻将会到来。因为人会爱自己， ......爱享乐，而不是爱神，固守敬虔的形式，尽管他们否认神的能力...... "（提摩太后书 3: 1-6）。"你们所传的传统，使神的道无效；你们也行许多这样的事......"（马可福音 7:13）。

____

____

____

124.法利赛人和撒都该人精通宗教，但拒绝将自己献给耶稣。 是，为什么或为什么不？他们比耶稣更看重自己的传统，尽管他们的传统圣经为耶稣作见证。"......你们查考圣经，是因为你们认为你们在圣经中有永生；正是这些人为我作见证；你们不愿意到我这里来得生命......。」（马可福音 5:39 -40 NASB）。

____

____

____

125.多年后，你能掌握基督徒的活动和做法吗？但上帝小姐？是的，解释一下。你可以用你的心去做事情；就像你可以练习宗教而不用把心去做一样。"你们这些假冒为善的文士和法利赛人有祸了！因为你什一奉献......〔然而，你〕忽略了律法中更重要的规定：正义、怜悯和忠诚；但这些是你应该做的，而不忽视其他人...... "（马太福音 23:23 NASB）。"到那日，必有许多人对我说：'主啊，主啊，我们不是奉你的名说预言吗？

奉你的名赶鬼吗？奉你的名行许多奇事吗？'然后我要对他们说，我从来不认识你们，你们这些作孽的人，离开我去吧……"（马太福音 7:22 -23）。

____

____

____

126.在得知神想要一种关系而不是宗教作品之后，大多数人会继续做什么？有些人将继续保持宗教传统"……你巧妙地…… '坚持'你自己的传统……"（马可福音 7: 9 NLT）。"……因为你们藐视神的律法，以自己的传统代替……"（马可福音 7: 6-8）。"……持守敬虔的形式……"（提摩太后书 3: 1-6）。"……〔你们〕忽略了律法中更重要的规定：公义、怜悯和诚实；但这些是你们应该做的，而不应该忽视其他人……"（马太福音 23:23 NASB）。

____

____

____

127.有些信徒不会因终身从事工作而悔改，但除了基督之外，你还能做任何真正神圣或属灵的事吗？没有为什么或为什么没有？除了内住的基督，我们不能做任何真正圣洁或正义的事，除了耶稣基督，"……你们不能做任何事……"圣洁或正义（约翰福音 15: 5 KJV）。因此，你们"……使神的话在你们的传统中毫无效果……"（马可福音 7:13）。

____

____

____

128.关于基督，你不能结出果子，所以你只是"……固守一种敬虔的形式，虽然[否定]它的力量……"（提摩太后书 3: 1-6 NASB）？是的，只有基督才能给你你从未拥有的东西。解释。圣洁和公义的一切都属于他，他使我们能够通过内住的圣灵在他们中间行走，"……我来了，使他们可以得生命，并且可以得着更丰盛的生命……"（约翰福音 10:10 KJV）。"……我的喜乐或许在你们里面，使你们的喜乐得以满足……"（约翰福音 15:11）。"……我将我的平安赐给你们，不像世人所赐的，将我赐给你们……"（约翰福音 14:27）。"……你们要彼此相爱，像我爱你们一样，使你们也彼此相爱。你们若有彼此相爱的心，众人因此就认出你们是我的门徒……"（约翰福音 13 ： 34-35）。当你将与神同行限制在宗教实践中时，会发生什么？你使神的能力和内住的基督无效，「……〔你使〕……神的话语无效，通过〔你的〕……传统……」（马可福音 7 ： 13 KJV）。

____

____

____

129.宗教实践和传统完全依赖于自我努力，往往依赖于一套学到的道德行为。因为除了耶稣基督，"……你们什么也不能做……"圣洁或公义（约翰福音 15: 5 KJV）。"……住在我里面，我在你里面。枝子若不常在葡萄树中，就不能结出自己的果子，你们若不常在我里面，也不能结出自己的果子。我是葡萄树，你们是枝子；住在我里面，我在他里面，他就结出许多果子，因为除我以外，你们什么也不能做……"（约翰福音 15: 4-6 ）。虔诚的行为不是为了神的利益，而是通常为了自己或他人。您对宗教表演的奖励是什么？"……但他们所做的一切都是要被人看见……"（马太福音 23: 5 NASB ）。"……你祷告的时候，不可像假冒为善的人，因为他们喜爱……被人看见。我实在告诉你们，他们有他们的赏赐……"（马太福音 6: 5 ）。"……你们要小心，不可在人面前施舍，叫人看见，免得你们在天上的父赏赐你们……"（马太福音 6: 1 KJV ）。"……因为他们喜欢……被人看见。我实在告诉你们，他们有赏赐……"（马太福音 6: 5 ）。

____
____
____

130. 上帝关心你的表现还是你的心？ 您听到了为什么或为什么没有？ 神不看你的表现；他看的是内心"……神看的不是人看的，因为人看的是外表，主看的是内心……"（撒母耳记上 16: 7 ）。神密切关注"……心中隐藏的人……"（彼得前书 3: 4 KJV ）。"因为从内部，从人的心中，产生邪恶的思想…邪恶…骄傲…所有这些邪恶的东西都来自内部，并玷污了一个人。」（马可福音 7 ： 21-23 ）。"……他们是一群令人遗憾的伪使徒，撒谎的传教士，歪曲的工人--扮演（行为）基督的代理人，但却是虚伪的。难怪！撒旦总是打扮成美丽的光明天使。因此，当他的仆人伪装成神的仆人时，我们不应该感到惊讶。但他们什么也做不了。他们最终会为此付出代价……"（哥林多后书 11:14 -15 ）。

____
____
____

131. 表演者和真正的信徒之间的区别是什么？信徒不会表演；他们会结出果实。"你可以通过他们的果子，即他们的行为来识别他们……"（马太福音 7:16 NLT ）。"……通过他们的果子， [因为] ……每棵好树都结好果子……好树不能结坏果子，腐烂的树也不能结好果子。因此，凭着他们的果子，你们必认识他们……"（马太福音 7 ： 16-22 ）。"……圣灵的果子是爱、喜乐、平安、忍耐、仁慈、善良、忠信、温柔和自制……。」（加拉太书 5 ： 22-23 ）。"……这就显明了神的儿女和魔鬼的儿女：凡不行义的就不属神，不爱弟兄的也不属神……"（约翰一书 3:10 ）。"……我们若遵守他的诫命，就知道我们认识他。说我认识他，却不遵守他的诫命的，就是说谎的……"（约翰一书 2: 3-4 ）。"……若有人没有基督的灵（果子），他就不是他的……"（罗马书 8: 8-9 ）。

____
____
____

132. 奉行基督教是罪恶的工作。您是否必须继续遵守您的传统？没有为什么或为什么没有？因为内住的基督；罪不再对我的生活或行为有任何支配权。因着信，"……你们也当想，自己在罪中实在是死的，在我们的主耶稣基督里，在神面前却是活的。因此，

不要让罪在你们必死的身体里作王，使你们在肉体的私欲中顺从它。你们也不可将你
们的肢体当作不义的工具交给罪恶，只要将自己交给神，像那些从死里复活的人一样，
将你们的肢体当作公义的工具交给神。罪必不能作你们的主。因为你们不在律法之下，
乃在恩典之下。然后呢？难道我们要犯罪吗？因为我们不在律法之下，乃在恩典之下。
上帝保佑！"（罗马书 6:11 -15 KJV）。描述罗马书 8: 5-8 中的作孽者。"……因为那些跟
随肉体的人，心里想的是肉体的事；而那些跟随圣灵的人，心里想的是圣灵的事。因
为属肉体的就是死；属灵的就是生命和平安。因为属肉体的心是与神为仇，因为不服
神的律法，也不能服。这样，在肉身的人就不能得神的喜悦……"（罗马书 8: 5-8）。

____

____

____

133.不论是否通过基督与神建立关系，进入天国的问题是什么？肉体中的人无法取悦
上帝。他们必须真正重生，否则他们将无法进入天国"不是所有对我说'主啊，主啊'的人
都能进入天国；而是那些遵行我天父旨意的人。那日必有许多人对我说，主阿，主阿，
我们不是奉你的名说预言吗？奉你的名赶鬼吗？奉你的名行了许多奇妙的事吗？我就
对他们说，我从来不认识你们，你们作孽的，离开我去吧"（可 7:21 -23）。"……肉身
的人就不能得神的喜悦……"（罗马书 8: 8-9）。

____

____

____

第 8 章

成为像基督一样（亲密）

"……因心意更新而改变……"（罗马书 12: 2 KJV）。

经文："……不要效法这个世界：但你们要因心意更新而改变，好使你们可以证明神那
美好、可接受和完美的旨意……。"（罗马书 12: 1-2 KJV）。

课程的目的或目标：学习成为真正基督般的实用方法。

课程的应用：实际上，通过顺服、圣灵的内在工作和上帝赐予的信心，像基督一样行事。

主题讨论：通过圣洁和结出果实的"成为"来学习真实的基督般的生活方式，意味着你
正在成长、发展、成熟、崛起、改变、前进等。神鼓励在祂的儿女身上采取适当的行为，
如圣洁；这一切都是基于祂的义标准，即耶稣基督。神希望祂的儿女成为「……参与祂
的圣洁……"（希伯来书 12:10 KJV）。 对于神的儿女来说，圣洁是一个突出的家庭特质。
纪律是爱的标志。神无一例外地管教他所爱的每一个孩子。圣经说："如果你们不受管
教……〔神〕--每个人都受管教--那么你们就不是合法的，根本不是真正的儿女"（希伯来

书 12: 8）。神会经常使用纪律来帮助他的孩子变得圣洁和顺服。（希伯来书 12:10）管教不是惩罚或暴力，而是纠正不适当的行为，"......就是耶和华所爱的......"（箴言 3:12 KJV）。孩子通常不喜欢管教，成年人也不喜欢管教，但神告诉我们不要

"......藐视〔神〕的管教......"（约伯记 5:17）。当你受到神的管教时，圣经说："......神管教的男人[或女人]是有福的......"（约伯记 5:17）。管教孩子的爱心动机是为了他们好。神这样做是为了你的"神圣"益处。（哥林多前书 11:32）。"不要效法这世界；你们要因心意更新而改变，好叫你们证明神那美好、可喜悦、完全的旨意"（罗马书 12: 2 KJV）。此外，神说："不是你们拣选了我，而是我拣选了你们，并且指定你们去结果子，叫你们的果子常存；叫你们奉我的名，无论向父求什么，他就赐给你们。」（约翰福音 15:16 ASV）。"......住在我里面，我在你里面。枝子若不常在葡萄树中，就不能结出自己的果子，你们若不常在我里面，也不能结出自己的果子。我是葡萄树，你们是枝子；住在我里面，我在他里面，他就多结果子，因为除我以外，你们什么也不能做......"（约翰福音 15: 4-6）

成为基督般的圣洁

134.圣洁是什么意思？为神的目的而分开或分开"......为神的福音而分开......"（罗马书 1: 1 NASB）。"......你们要对我是圣洁的：因为我耶和华是圣洁的，并且把你们与别人隔绝，使你们成为我的人。......"（利未记 20:26 KJV）。谁是圣洁的？"......我是圣洁的......"（彼得前书 1:14 -16）。而且，"......没有像耶和华一样圣洁的......"（撒母耳记上 2: 2 KJV）。

____

____

____

135.为了成为基督般的人，你会受到纪律处分吗？是的，"如果你们不受管教......〔神〕--每个人都受管教--那么你们就不是合法的，根本不是真正的儿女"（希伯来书 12: 8）。神为什么要管教你？因为他爱你，管教他所爱的"......主所爱的......"（箴言 3:12 KJV）。"......因为神召我们不是要污秽，乃是要圣洁......"（帖撒罗尼迦前书 4: 7）。纪律的主要目标是什么？使你们成为圣洁，如同祂是圣洁的一样"......使〔你们〕可以分享（参与）祂的圣洁......（希伯来书 12:10）"......你们要归我为圣，因为我耶和华是圣的，将你们与别民隔绝，使你们归于我。......（利未记 20:26 KJV）。"......使〔心〕......圣洁，洁净神的话"（以弗所书 5:26 KJV）。为什么或者为什么不呢？"......要圣洁，因为我是圣洁的......"（彼得前书 1:16 KJV）。"......在各样的谈话中要圣洁"（彼得前书 1:15 KJV）。

____

____

____

136.神的人民在基督耶稣里是一个身体或一个国家。他们是什么样的国家？圣洁的国民"但你们是蒙拣选的世代，是尊贵的祭司，是圣洁的国民，是奇特的民族，要传扬那召你们出黑暗进入他奇妙光明者的赞美"（彼得前书 2：9）。要成为那个神圣的国家，需要做出哪些改变？顺从基督的形象，并通过更新思想而改变"……顺从他儿子的形象……"（罗马书 8:29 KJV）。"不要效法这世界；你们要因心意更新而改变，好叫你们证明神那美好、可喜悦、完全的旨意"（罗马书 12: 2 KJV）。

137.是什么使成圣成为可能？内住的基督解释说。除了基督，我不能成为圣洁，但我现在可以，因为他赐给我圣灵，使我能成为圣洁"我可以藉着基督做一切使我坚固的事。」（腓立比书 4:13 KJV）。"……因为神在你们里面作工，为要成就他的美意"（腓立比书 2:13）。"……耶稣基督在你们里面……"（哥林多后书 13: 5 KJV）。"……基督在你们里面……"（歌罗西书 1:27 KJV）。"……神的灵住在你们里面……"（罗马书 8: 9 KJV）。"……如果基督在你们里面……（罗马书 8:10 KJV）。"倘若那叫耶稣从死里复活之人的灵住在你们里面……"（罗八 11）。"我与基督同钉十字架：然而我活着；却不是我，而是基督在我里面活着……"（加拉太书 2:20）。"直到基督在你们里面成形……"（加拉太书 4:19）。"岂不知你们是神的殿，神的灵住在你们里头吗？」（哥林多前书 3:16 KJV）。"岂不知你们的身子就是圣灵的殿吗？圣灵在你们里面，你们是从神来的，并不是你们自己的。」（哥林多前书 6:19 KJV）。"……神曾说，我要住在他们里面，在他们里面行走；我要作他们的神，他们要作我的子民"（哥林多后书 6:16）。

138.通过纪律成为圣洁是一种祝福吗？是的，这是一种祝福"……上帝管教的男人[或女人]是有福的……"（约伯记 5:17）。

成为基督般的果子

139.上帝选择你的原因之一是什么？来结出果实，解释一下。结果子就是证明你们是神的门徒。"不是你们拣选了我，是我拣选了你们，并且吩咐你们去结果子，叫你们的果子常存，叫你们奉我的名，无论向父求什么，父就赐给你们。」（约翰福音 15:16 ASV）。什么能帮助您结出果子？管教或神的修剪"……凡结实〔神〕的枝子……都修剪，使它更显出果子来"（约翰福音 15: 1-2）。"现在没有管教（修剪或管教）似乎是喜乐的，但却是痛苦的：然而，此后，正义的和平果实结在他们身上，使他们得以行使（成为圣洁）……"（希伯来书 12:11 KJV）。"……〔神容许修剪〕……为了我们的利益，使〔你们〕可以分享（参与）祂的圣洁......"（希伯来书 12:10 KJV）。"我是真正的葡萄树，我父是园丁。他砍断我一切不结实果子的枝条，修剪一切结实果子的枝条，使它更加结实......"（约翰福音 15: 1-2）。

140.没有基督，还有人能结出果子吗？没有为什么或为什么没有？除了他，我们不能做任何神圣或属灵的事，比如结出果子"......住在我里面，我在你们里面。枝子若不常在葡萄树中，就不能结出自己的果子，你们若不常在我里面，也不能结出自己的果子。我是葡萄树，你们是枝子；住在我里面，我在他里面，他就多结果子，因为除我以外，你们什么也不能做......"（约翰福音 15: 4-6）。

141.结出果实能证明什么？毫无疑问，这证明你们是神的儿女，"我父因此得荣耀，你们多结果子，所以证明你们是我的门徒......"（约翰福音 15: 8 NIV）。"...... 若有人没有基督的灵（果子），他就不是他的......"（罗马书 8: 8-9）。

142.在所有其他人中，你如何认识神的子民？他们将结出神灵的属灵果子，"......你们凭着他们的果子就可以认出他们来......"（马太福音 7:16 KJV）。"......凭着他们的果子，......因为......每棵好树都结好果子......好树不能结坏果子，败坏的树也不能结好果子。凡不结好果子的树，都要砍下来，扔在火里。因此，凭着他们的果子，你们必认识他们......"（马太福音 7：16-22）。"......若有人没有基督的灵（果子），他就不是他的......"（罗马书 8: 8-9）。

143.什么是精神的果实？圣果是爱、喜悦、平安、忍耐......"......但圣灵的果子是爱、喜乐、平安、忍耐、温柔、良善、信实、温柔、节制......"（加拉太书 5：22-23）。

144.神的应许在帮助你结出果实方面扮演什么角色？他们与圣灵一起帮助你们参与圣洁"......〔你们〕......被赐予......极其伟大和宝贵的应许：通过这些，你们可以成为神性（富有成果）的分享者，通过欲望逃脱了世界上的腐败。除此之外，尽一切努力，增加你

的信仰美德；和美德知识；和知识节制；和节制耐心；和耐心虔诚；和虔诚的兄弟般
的仁慈；和兄弟般的仁慈。因为如果这些东西在你们里面，并且比比皆是，它们使你
们在我们主耶稣基督的知识上，既不会贫瘠，也不会无果......"（彼得后书 1: 4-9）。
"......亲爱的弟兄阿，我们既有这些应许，就当洁净自己，除去肉体和灵魂的一切污秽，
在敬畏神中成全圣洁。"（哥林多后书 7: 1 KJV）。

____

____

____

145.为了结出果实，肉体必须死，因此必须与罪作斗争。与罪作斗争有什么好处？在
圣灵的帮助下，克服罪恶的斗争导致圣洁"......既然基督在肉体上为我们受苦，你们也
要用同样的心思武装自己：因为在肉体上受苦的人已经从罪恶中消失了；当我们行走
在淫乱、私欲、多余的酒、狂欢、宴会和可憎的偶像崇拜中时，我们生命的过去可能足以
成就外邦人的旨意："（彼得前书 4: 1-3 KJV）。

____

____

____

146.神的子民"不"结果子的原因有哪些？他们故意选择不参与圣洁，他们"...... [堕落]离
开......" "......故意犯罪......" "......再次[与世界]纠缠在一起......"或"...... [堕落]远离恩典......"
（希伯来书 6: 4-8，希伯来书 10:25 -31，彼得后书 2:20，加拉太书 5: 4，约翰一书
5:16 -1 KJV）。"他们从我们中间出去，却不是属我们的；若是属我们的，就必与我们
同在；他们出去，为要显明他们不是我们众人中的一员。」（约翰一书 2:19 KJV）。"......
在肉身的......"（罗马书 8: 8-9）。

____

____

____

147.您的作品是否与结果相同？没有为什么或为什么没有？工程是船舶的表演。结果
子是圣灵通过器皿的行为"......因为那些按肉体而活的人专注在肉体的事上，而那些按
圣灵而活的人专注在圣灵的事上。将心思放在肉体上是死亡，但将心思放在圣灵上是
生命与和平。因此，定在肉身上的心是与神为敌的；它不顺服神的律法--定在肉身的心
是不能顺服的，肉身的人也不能讨神的喜悦。但你们不在肉体里，在圣灵里，因为神
的灵住在你们里面。没有基督的灵的人不属于他。但如果基督在你们里面，虽然身体
因罪而死，圣灵却因义而活。倘若那叫耶稣从死里复活的灵住在你们里面，那叫基督
从死里复活的，也必借着住在你们里面的灵叫你们必死的身体复活。"（罗马书 8: 5-11
NLT）。"...... 那日必有许多人对我说，主阿，主阿，我们不是奉你的名说预言吗？奉
你的名赶鬼吗？奉你的名行了许多奇妙的事吗？ 然后我要对他们说，我从来不认识你
们，你们这些作孽的人，离开我去吧......"（马太福音 7:21 -23KJV）。

148.哪一个是守旧者；提供唇语服务的人还是听话的人？ 听话的人会解释。 在行动中，服从就是圣洁或结出果实"……你们怎么想？ 一个人有两个儿子，他来到头一个，说："儿子，今天到我的葡萄园里去干活吧。"他回答说，我不去。后来他悔改去了。他来到第二个，也说了同样的话。他回答说，先生，我去了，却没有去。他们中的吐温是否按照父亲的意愿行事？ 他们对他说，第一个……」（马太福音 21:28 -30 KJV）。"……你们必凭着他们的果子认识他们……"（马太福音 7:16 KJV）。

149.耶稣对那些不结果子的人说了什么？ 他们只是外表看起来像结了果子，但内心却没有说："你们这些文士和法利赛人，假冒为善的人有祸了！因为你们就像白色的坟墓，外面看起来很漂亮，里面却充满了死人的骨头，和一切不洁。你们也是这样，外面向人显出公义，里面却满了虚伪和罪孽……"（马太福音 23:27 -28）。

150.活得义不容易，到处都有诱惑。然而，圣经鼓励你做什么？"我们不要厌倦行善，因为我们若不疲乏，到适当的季节必收割。"（加拉太书 6:9 KJV）。不要厌倦做正确的事或结出果实；它会得到回报。"忍受试探的人是有福的，因为他受试探的时候，必得生命的冠冕，就是耶和华所应许给爱他的人的。」（雅各书 1:12 KJV）。 你"……正在摆脱罪恶…… 你们的果子是圣洁的……"（罗马书 6:22 KJV）。

151.你为什么放弃你的生命和一切，让基督在你里面作工，结出果子；神应许了什么？他的话语应许他会奖励你在"今生"和"来生"中的服从。有一个应许："然后彼得开始大声说，'我们已经放弃了一切来跟随你，'他说。"是的，"耶稣回答说，"我向你保证，所有为了我和好消息而放弃房屋或兄弟姐妹或母亲或父亲或子女或财产的人，现在将得到比现在多一百倍的房屋、兄弟姐妹、母亲、子女和财产，以及迫害。在来世，那人将拥有永生。但许多现在最伟大的人，那时最不重要，而那些现在看起来最不重要的人，那时最伟大"（马可福音 10:28 -31 NLT）。

152.圣洁或圣果有多重要？没有圣洁，你将无法看到神的真面目。你不会在今生认出他，也不会在来生见到他"......跟随......圣洁，没有圣洁，任何人都不会见到主。（希伯来书 12:14）"......圣哉，圣哉，圣哉，万军之耶和华，他的荣耀充满全地......（以赛亚书 6: 3）。"......主啊......因为唯有你是圣洁的......」（启示录 15: 4 KJV）。"......因此，定在肉身上的思想与神为敌；它不服从神的律法--定在肉身上的人不能，也不能讨神的喜悦。但是......如果〔那叫耶稣从死里复活的圣灵住在你们里面，那叫基督从死里复活的，必借着住在你们里面的〔圣灵〕赐生命（属灵的、圣洁的生命）......。"（罗马书 8: 5-11 NLT）。

____

____

____

第 9 章

上菜

"......不是要受人服侍，乃是要服侍人"（马太福音 20:28 NLT）。

圣经说："人子来，不是要受人的服事，乃是要受人的服事，并且要舍命作多人的赎价。就像人子来到这里不是为了服侍而是为了服侍，并为许多人献出自己的生命......」（马太福音 20:28 KJV & NIV）。

课程的目的或目标：学习实用和适用的方法，在你的整个生命和存在中服侍神。

应用课程：先向上帝服务，然后向他人服务的生活方式。

主题讨论：了解到你像耶稣一样来服侍永生神：耶稣来服侍神是为了完成他的任务。侍奉神是他的工作重点。耶稣不是来服侍你们的，而是来服侍神的。耶稣知道他对神的服侍是为了服侍「世界」，因此顺服地牺牲了自己的生命。「……人子来不是要受服侍，而是要服侍他人，牺牲自己的生命作为许多人的赎价。"……神爱世人，甚至将他的独生子赐给他们，叫一切信他的，不至灭亡，反得永生"（约翰福音 3：16）。"这里有爱，不是因为我们爱神，而是因为祂爱我们，差遣祂的儿子为我们的罪作挽回祭（替代、干预）。」（约翰一书 4:10 KJV）。这是耶稣向他在天上的父提供的非常亲密的服务。它高度赞扬了他对神深厚的爱和完全的奉献。他的日程绝对明确地是上帝的日程。耶稣的主要动机是成为他父的"许多人的赎价"，在任何情况下，他在这里都不是为了自己的意愿，而是为了神的旨意（马太福音 20:28；路加福音 22:42 -43 NIV）。耶稣完全"……谦卑自己，顺服到死--甚至十字架的死……。"（腓立比书 2: 8 KJV）。基督拥有天堂的所有特权，如果他不愿意，就不必成为"许多人的赎价"。耶稣可以像我们一样，自由地运用他「自己的」意志，违背神的旨意。相反，耶稣故意放弃自己作为神的儿子的权利和特权，选择故意顺服神的目的。耶稣说："然而，不要照我的意思行，只要照你的意思行……"（路加福音 22:42）。耶稣成为"许多人的赎金"，完全是为了神的使命。耶稣的使命是"……因为差他来的父的旨意……"耶稣在地上宣告"……子凭着自己不能作甚么……说……我凭着自己不能作甚么……"（约翰福音 5：19，30）。耶稣既是上帝的独生子，也是他的仆人。他毫不犹豫地成为神的仆人，成为"许多人的赎价"。"耶稣在这里为他在天上的父而来，这对他来说比他自己的特权、他的骄傲、他的权利、他自己的意志或其他任何事情都重要。"他既是神的形像，就不以为与神同等是抢劫，反倒自取无名，成了仆人的形像，成了人的样式……"（腓立比书 2: 6-7 KJV）。

耶稣接受了人的肉体，并"……照着人的样式造"（腓立比书 2: 7 KJV）。耶稣脱掉或去掉了他所有的荣耀，为了天父的爱和你，心甘情愿地经历了人类的经历。更令人敬畏的是，耶稣在肉身时没有犯罪（希伯来书 4:15，5: 8）。很明显，耶稣深爱他的天父。它帮助我们亲眼见证，"……这是神的爱，我们遵守（像耶稣一样）祂的诫命。"（约翰一书 5: 3 KJV）。遵守神的诫命（服从）是对神内心的爱的一种外在表达。耶稣是他父任意的私人仆人，他完全专注于做神的工作（腓立比书 2: 8）。工作的一个定义是服务，服务可能意味着"成为"私人仆人。每当你顺服神，你就是在工作，你在服侍，你正在像耶稣一样成为神的私人仆人。"对于那些神预先知道的人，他也注定要效法他儿子的形象，使他成为许多弟兄姊妹中的长子"（罗马书 8:29 NIV）。藉着顺服事奉神，就是你「成就自己的救恩」（腓立比书 2：12）。我会用另一种方式来写，通过顺服事奉神就是你如何"……〔事奉〕出自己的救恩……"神的工作不是关于基于有限自我努力的活动，而是关于基于无限恩典的信心所产生的活动。狭隘的工作是关于辛劳、乏味的活动、自我努力、苦差事、劳动、磨砺、劳累和家务。另一方面，服务是关于敬拜神，选择服务，自愿束缚，合作服务，强迫服务，或捐赠服务，提供服务，或遗赠服务。工作需求和服务是自愿的。 工作可以是非私密的，服务可以是私密的。 工作通常是一种外在的姿态，而服务则是一种内在的姿态。工作往往源于行为，服务源于信仰之心。

耶稣来侍奉

153.耶稣为什么来？服侍神和别人"……人子来不是要受人服侍，而是要服侍别人，并献出自己的生命作为许多人的赎价"（马太福音 20:28 NLT）。耶稣来"……服侍……"是什么意思？

____

____

____

154.要为神服务或工作，耶稣必须做什么？他顺服神对他生命的指示：成为许多人的赎价，死在十字架上"……谦卑自己，顺服到死--甚至死在十字架上……。"（腓立比书 2: 8 KJV）。"他既是神的形像，就不以为与神同等是抢劫，反倒自取无名，成了仆人的形像，成了人的样式……"（腓立比书 2: 6-7 KJV）。为什么耶稣必须服从才能服侍神？耶稣说："……〔我来〕……不是要遵行我的旨意，乃是要遵行神的旨意……"（路加福音 22:42 -43）。耶稣有一个"专注"的使命。"……我的营养（我为何而来）来自遵行差我来的神的旨意，并完成他的工作……"（约翰福音 4:34 NLT）。耶稣说："然而，不要照我的意思行，只要照你的意思行……"（路加福音 22:42）。耶稣的使命是"……因为差他来的父的旨意……"耶稣在地上宣告"……子凭着自己不能作甚么……说……我凭着自己不能作甚么……"（约翰福音 5：19， 30）。

____

____

____

155.神差遣耶稣事奉的目的是什么？为什么？他的目的是成为许多人的赎金。神差他来，要作人类罪的赎罪祭，"……要舍命作许多人的赎价……"（马太福音 20:28 NLT）。"……他既得完全，就作一切顺从他的人永远得救的创造者；……"（希伯来书 5: 7-8-9）。"……神爱世人，甚至将他的独生子赐给他们，叫一切信他的，不至灭亡，反得永生"（约翰福音 3：16）。"这里有爱，不是因为我们爱神，而是因为祂爱我们，差遣祂的儿子为我们的罪作挽回祭（替代、干预）。」（约翰一书 4:10 KJV）。

____

____

____

156.为什么耶稣如此忠心地事奉神？他以彻底、虔诚的爱爱神，"……因为……神的爱，……他的诫命……"（约翰一书 5: 3 KJV）。"……使世人知道我爱父；父怎样赐给我诫命，我也照样行……"（约翰福音 14:31 KJV）。"……你们若遵守我的诫命，就必常在我的爱里，正如我遵守我父的诫命，常在他的爱里……"（约翰福音 15:10）。"……耶稣回答说……我呼唤我的父亲……"（约翰福音 8:49）。"……我父亲和我是一体的……"（约翰福音 10:30）。"……耶稣回答说：'我实实在在地告诉你们，子凭着自己不能做什么，惟有看见父所作的，子才能做什么；因为他看见父所作的，父无论做什么，子也照样做……"（约翰福音 5:19）。

157.藉着顺服来拯救神，就是你「成就自己的救恩……」（腓立比书 2：12 KJV）。通过顺服事奉神也是你"……〔事奉〕自己的救恩……"耶稣事奉神的方式。信徒应该怎样做才能成为像耶稣一样的人？改变他们的思想，效法他的形象"因为神预先知道的人，也预定效法他儿子的形象，使他可以在许多弟兄姊妹中作长子"（罗马书 8:29 NIV）。"……神……预定〔你们〕效法祂儿子的形象……"（罗马书 8:29 NIV）。"……我们也要承受天人的形象……"（哥林多前书 15:49 NIV）。"……我们都要变成祂的形像……"（哥林多后书 3:18）。"……因你心意更新而改变……"（罗马书 12：2 KJV）。

侍奉神

158.神的主要工作或对神的服侍是什么？相信耶稣解释。服务也可能意味着工作。神的工作是信心的结果，实际上就是在行动中顺服"……神的工作就是你们信他所差来的……"（约翰福音 6:29）。"……义人必因信得生（希伯来书 10:38 KJV）。

159.无论你相信和服从上帝，你都在工作，你在服侍，你正在成为像耶稣一样的仆人。解释。信心培养服从。服从是我们为神的荣耀所做的工作或服务。神的工作或服务与信心一起工作。仆人总是做主人希望他们做的"……做你自己的救恩……"（腓立比书 2:12 KJV）。"……神的工作，就是你们信他所差来的……"（约翰福音 6:29 KJV）。"……我们的祖宗亚伯拉罕将儿子以撒献在祭坛上，所行的不正直吗？你可以看到，他的信心和行动是相辅相成的，他的所作所为使他的信心得以完成。圣经应验了，说："亚伯拉罕信了神，算为义。"他就称为神的朋友。你看到一个人的行为被认为是正义的，而不仅仅是信心"（雅各书 2：18-24）。信念是他行动的动机。他信了神。因此，"〔亚伯拉罕的〕……信心与他的行为是相辅相成的，他的信心因所行的得以完全。圣经应验了，说："亚伯拉罕信了神……"（雅各书 2:18 -24）。

160.服侍神不是关于人的行为，而是一种内在的立场。神不关心你的"......许多奇妙的作品"，但他关心什么？上帝在乎你的心。你的行为应该是对神的诫命有信心的结果，因为"......到那日，必有许多人对我说：'主啊，主啊，我们不是奉你的名说预言吗？奉你的名赶鬼吗？奉你的名行了许多奇妙的事......'"然后我要对他们说，我从来不认识你们，你们这些作孽的人，离开我去吧......"（马太福音 7:22 -23）。"......神不像人看人，因为人看外貌，主看内心......"（撒母耳记上 16: 7）。"......心里隐藏的人......"（彼得前书 3: 4 KJV）。"因为从内部，从人的心中，产生邪恶的思想...邪恶...骄傲...所有这些邪恶的东西都来自内部，并玷污了一个人。」（马可福音 7 ： 21-23）。心"......比万物更虚伪，极其邪恶......除了神以外，谁能知道呢？」（耶利米书 17: 9 KJV）。

____
____
____

161.人类的工作需要，但并不总是产生 IT 承诺的回报。根据创世记 29:14 -31 解释。雅各工作了七七年，但没有得到他所应许的"......雅各与他同住了整整一个月后，拉班对他说："你既然是我的亲戚，难道你要白白地为我工作吗？告诉我你的工资应该是多少。"拉班有两个女儿；大女儿的名字是利亚，小女儿的名字是拉结......。雅各爱上了拉结，说："我会为你工作七年，以换取你的小女儿拉结。拉班说："我把她给你比给别人好。和我呆在一起。"于是雅各为拉结服了七年，但由于他对拉结的爱，对他来说似乎只有几天。雅各对拉班说："把我的妻子给我。我的时间结束了，我想和她做爱。"雅各对拉班说："到了晚上，他就把女儿利亚带到雅各那里，说：'你向我作了什么呢？我替瑞秋服侍你，不是吗？你为什么要骗我？完成这个女儿的新娘周；然后我们也会给你年轻的一个，以换取另一个七年的工作。」（创世记 29 ： 14-31）。

____
____
____

162.敬虔的行为是出于内心的自愿，并产生许多祝福和奖励。根据以下经文进行解释。当你做神的工作或服务时，它"总是"会毫不犹豫地带来祝福和奖励。不是因为你们所做的，而是因为你们的信仰和神的应许"...... '我们已经放弃了一切来跟随你们......"（马可福音 10:28 -31 NLT）。耶稣对他说："......我向你保证，为了我和好消息，凡是（自愿）放弃房屋或兄弟姐妹或母亲或父亲或子女或财产的人，现在将得到比现在多一百倍的房屋、兄弟姐妹、母亲、子女和财产，以及迫害。在来世，那人必得永生......"（马可福音 10:28 -31）。

____
____
____

163.耶稣完成了他要做的工作吗？是，为什么或为什么不？当他死在十字架上时，他完成了上帝派他去做的工作：成为许多人的赎价。"......此后，耶稣知道万事都成了，为要应验圣经，说，我渴了。耶稣既领受了这醋，就说，成了……"（约翰福音 19:28 - 30）。耶稣发自内心地自愿做了什么？"……〔祂指示你如何〕……计算出你自己的救恩……"（腓立比书 2:12 KJV）。耶稣说："……我父爱我的原因是我牺牲了我的生命--只是为了再次接受它。没有人从我这里拿走它，但我自己放下了它。我有权放下它，也有权再次拿起它。这是我从父领受的命令"（约翰福音 10:17 -18）。然而，这是耶稣的选择，"……放下〔他的〕生命…… 没有人从〔他〕那里拿去，〔他〕……〔自己〕〔放下〕……这命令，〔耶稣〕是从〔他的〕……父领受的"（约翰福音 10:17 -18）。当他的工作完成时，耶稣说："……完成了……"（约翰福音 19:28 -30）。同样，"……〔你〕……该怎么做，使〔你〕……能行神的工作？'……'这就是神的作为，叫你们信他所差来的。」（约翰福音 6：28-29）。

____
____
____

164.主要工作（服务）是什么？相信。靠信心活着，"……相信神所差来的"（约翰福音 6:29 KJV）。当"……你们信他……"时，那就是信心和信心激励行动，这就是"……神的工作……"为了做信心的工作（服务），你有什么？你有信心的尺度，这是通过聆听神的话语来实现的。"…… [神] ……将信心的尺度赐给各人……"（罗马书 12: 3 KJV）。信心是如何行使的？"……信心来自于听，听来自于神的话……"（罗马书 10:17 KJV）神的话"……是神的能力，能拯救所有相信的人……"（罗马书 1:16 KJV）。神的救恩大能使你摆脱罪恶、罪恶的影响和罪恶的后果。

____
____
____

165.服从也是行动中的转变过程，由信心驱动，这是"……神的工作……"神的工作（服务）包括圣灵的能力，这是什么？内住的基督"因为神在你们心里动工，叫你们愿意，也叫你们行他所喜悦的事"（腓立比书 2:13）。"……我靠着那加添我力量的基督，凡事都能做……"（腓立比书 4:13）。"……耶稣基督在你们里面……"（哥林多后书 13: 5 KJV）。"……基督在你们里面……"（歌罗西书 1:27 KJV）。"……神的灵住在你们里面……"（罗马书 8: 9 KJV）。"……如果基督在你们里面……（罗马书 8:10 KJV）。"……神曾说，我要住在他们里面，在他们里面行走；我要作他们的神，他们要作我的子民"（哥林多后书 6:16）。

____
____
____

166.亚伯拉罕的工作或信仰归功于义人？他的信心"……求你将你的信心无行为地显给我看，我就用我的行为将我的信心显给你看。你相信只有一位神。好，连恶魔都相信，而且不寒而栗。你这个愚蠢的人，你想要证据证明没有行动的信仰是无用的吗？我们的祖宗亚伯拉罕将儿子以撒献在祭坛上时所做的事，岂不被认为是义人吗？你可以看到，他的信心和行动是相辅相成的，他的所作所为使他的信心得以完成。 圣经应验了，说："亚伯拉罕信了神，算为义。"他就称为神的朋友。你看到一个人的行为被认为是正义的，而不仅仅是信心"（雅各书 2 ： 18-24）。信念激励行动。

167.你能在没有耶稣的情况下侍奉上帝吗？没有为什么或为什么没有？除了耶稣，你不能做任何圣洁或公义的事"......问题在我身上，因为我太人性，是罪的奴隶。我真的不了解自己，因为我想做正确的事，但我不做。相反，我做我讨厌的事情。因此，我不是那个做错事的人；活在我身上的罪才是做错事的人。我知道没有什么好东西存在于我身上，也就是说，在我罪恶的本性中。 我想做正确的事，但我做不到。 我想做好事，但我不想。我不想做错事，但无论如何我都会做。我已经发现了这条生活原则--当我想（愿意）做正确的事情时，我不可避免地会做错事。 我[是]......我内在罪恶的奴隶。哦，我是一个多么悲惨的人！谁能将我从罪恶主宰的生活中解放出来？感谢上帝！答案在我们的主耶稣基督里......"（罗马书 7:14 -25 NLT）。"......除了我，你什么也做不了......"（约翰福音 15: 5 NV）。甚至圣经也说，"......子凭着自己不能作甚么......（耶稣说）......我凭着自己不能作甚么......"（约翰福音 5 ： 19， 30）。"......〔你们〕......可以借着基督做一切使〔你们〕坚固的事......"（腓立比书 4:13 KJV）。"......因为神在〔你们〕里面作工，为自己的美意作工......"（腓立比书 2:13）。

168.耶稣来服侍并成为许多人的赎金。上帝为什么派你来？通过成为圣洁来结出属灵的果子"......人子来不是要受人服侍，而是要服侍别人，并献出自己的生命作为许多人的赎价"（马太福音 20:28 NLT）。"你们不是拣选了我，乃是我拣选了你们，并且吩咐你们去结果子，叫你们的果子常存，叫你们奉我的名，无论向父求什么，他就赐给你们。」（约翰福音 15:16 ASV）。"......祂拯救了我们，召唤我们进入圣洁的生命--不是因为我们所做的一切，而是因为祂自己的目的和恩典。这恩典是从太初在基督耶稣里赐给我们的......"（提摩太后书 1:9）。"......按他的旨意被召的人......"（罗马书 8:28）。"......正如神在创世以前......拣选了你们......在他里面......"（以弗所书 1:4）。"......爱神的人，就是按照他的旨意蒙召的人。因为他预先所知道的，他也预先注定要效法他儿子的形象，使他可以在许多弟兄中作长子。并且预先所定的，又召他们来；所召来的，又称他们为义；所称为义的，又叫他们得荣耀......。」（罗马书 8:28 -30）。

169.耶稣必须谦卑自己，才能服务于神的目的。你必须谦卑自己吗？是的，解释。你选择谦卑自己，服从神对你生命的控制"......谦卑自己，顺服到死--甚至是十字架的死......。"（腓立比书 2: 8 KJV）。谦逊是通往服务的道路。"......我名下的百姓若谦卑，......转离他们的恶道......"（历代志下 7:14）。"......你们要自卑......在神大能的手下，到了时候他必叫你们升高......"（彼得前书 5: 6）。"......你们要在耶和华面前自卑，他必叫你们升高"（雅各书 4:10）。"......不要把自己看得太高......"（罗马书 12: 3 KJV）。"......神反对骄傲的人，却恩待谦卑的人......"（雅各书 4: 6）。"......凡自高的，必降为卑；自卑的，必升为高"（路加福音 18:14）。"你们要负我的轭，向我学习，因为我心里温柔谦卑，你们的灵魂就必得安息"（马太福音 11:29 KJV）。

____

____

____

170.耶稣必须顺服才能服务于神的目的。你必须服从吗？是的，解释一下。你必须选择保持或相信神吩咐你做的"......谦卑自己，顺服到死--甚至是十字架的死......"（腓立比书 2: 8 KJV）。"......倘若我名下的百姓......转离他们的恶行......"（历代志下 7:14）。"......倘若你们爱我......遵守我的诫命......"（约翰福音 14:15 KJV）。"......耶和华忠心的门徒......〔向他〕遵守他们的应许......即使疼痛......"（诗篇 15: 4 NLT）。"......地上万国都必因你的后裔得福，都因你听从我......"（创世记 22:18 NLT）。"......你们若听从我......，就必在地上万民中作我的珍宝......（出埃及记 19: 5）。"......但不要只听神的话。你必须照它说的去做。否则，你们只是在自欺欺人。因为如果你听了这个词，却不服从，这就像对着镜子瞥了一眼你的脸。你看到了自己，走开了，忘记了你的样子。但是，如果你仔细研究那使你自由的完美律法，如果你照律法所说的去做，不要忘记你所听到的，那么神就会祝福你这样做......"（雅各书 1:22 -25 NLT）。"......撒母耳回答说：'你们的燔祭和祭物，或听从耶和华的话，还有什么更可喜悦的呢？听着！顺服胜过献祭，顺服胜过献上公羊的脂油......"（撒母耳记上 16:22 -23）。"......你们若爱我......就必遵守我的命令......"（约翰福音 14:15 KJV）。166. "......这就是爱，我们要遵行祂的诫命。这是诫命，正如你们从起初所听见的，你们要行在其中......"（约翰二书 6）。

____

____

____

171.你如何亲自为上帝的目的服务，而不是自己的目的？通过聆听他的话语，运用我的信心，跟随圣灵的引导，顺服内住基督的旨意。解释。

____

____

____

第 10 章

我父亲和我是一体的

深度亲密："一个灵魂"的关系

"……"我和我的父亲是一体的。"（约翰福音 10:30 KJV）。

经文："……我和我的父亲是一体的……"（约翰福音 10：30 KJV）。
课程的目的或目标：学习耶稣与他父亲分享的亲密关系，以及你现在也分享的亲密关系。

课程应用：实践圣经中关于通过基督与神建立灵性亲密关系的原则。

主题讨论：了解耶稣与他父的亲密关系，以及你现在通过基督与神分享的灵性亲密关系：神和耶稣之间的合一是神圣而独特的（申命记 6：4）。信徒们，现在有特权说，"……我和我的父原为一……"，"在"基督里（约翰福音 10：30）。神借着对基督的信心，与信徒分享祂独特的"合一"。"……使他们都合而为一；正如你，父，在我里面，我在你里面，他们也在我们里面，使世人相信你差了我来……"（约翰福音 17：21-23）。这种神圣的"合一"是通过耶稣将人的灵和神的灵结合在一起。这种一体性是通过基督改变信徒与神之间的亲密关系。耶稣告诉我们，他与父合一，或与父合一，以分享祂的光辉、荣耀、能力和权柄。"……我和我的父原为一……"（约翰福音 10：30）。因为耶稣与父原为一，所以神对他说："……看哪，我赐给你们权柄，可以践踏……一切仇敌的权柄，什么都不能伤害你们……"（路加福音 10:19 KJV）。因此，"……耶稣……对他们说，天上地下所有的权柄都赐给我了"（马太福音 28：18）。耶稣全心全意地事奉神，神"……将〔万物〕……托付〔他〕……（马太福音 11:26 KJV）"父爱子，将万物交在他手中"（约翰福音 3:35 KJV）。因为耶稣对神的明确服务，神对他的明确信任被赋予了。耶稣说我来"……不是要遵行我的旨意，乃是要遵行〔神的〕旨意……"（路加福音 22:42 - 43）。因此，神"……将万物都交在他手里……"（约翰福音 3:35）。

"我和我的父……合而为一……"（约翰福音 10：30 KJV）。耶稣没有说，他和他的父亲很亲密，但他说他们是"一体的。"耶稣是我们永恒的、一劳永逸的罪的替代品，使我们也能通过耶稣与神建立永恒的关系。"因为基督也一劳永逸地为罪死，就是为不义的人死，为要叫我们既在肉身被治死，在灵里复活，就可以归向神；"（彼得前书 3:18）。耶稣是我们的赎罪祭，因此带领我们与神建立关系。"因为基督也一劳永逸地为罪死，就是为不义的人死，为要叫我们既在肉身被治死，却在灵里复活……"（彼得前书 3:18）。现在，通过基督，我们能够保持与神立约关系的义务和责任。"因为神在你们心里动工，为要成就他的美意……"（腓立比书 2:13）。，"……〔你们〕……可以借着基督做一切使〔你们〕坚固的事……"（腓立比书 4:13 KJV）。此外，耶稣成为与神立约得以遵守的保证。"……耶稣已经成为一个更好的约的保证人……（希伯来书 7:22 NIV）。你现在可以通过基督与神享有同样的"合一"圣约关系。耶稣说："我和我的父是一体的。"（约翰福音 10:30 KJV）。你也可以。圣经说："……使他们都合而为一；正如你父在我里面，我在你里面，他们也在我们里面，使世人可以信你差了我来……"（约翰福音 17：21-23）。这是 TRANSFORMNG 亲密关系的另一块金块。耶稣大胆地说："我和我的父是一体的。"（约翰福音 10:30 KJV）。"……使他们也在我们里面……"（约翰福音 17:21 - 23 NASB）。

基督和他父亲之间的亲密关系

172.耶稣没有说他和他父亲很亲近，而是说他们是一体的。亲密与合一有什么区别？近在咫尺，一个是不可分割的统一"我和我的父亲[不仅仅是亲密，而是] ……一个。"（约翰福音 10:30 KJV）。

____

____

____

173.耶稣与他的父亲是一体的，这表明了一种盟约类型的关系，属于他父亲的东西同样属于他。为什么犹太人对耶稣的说法有异议？因为他告诉他们他是合一的，一个是天父。他们不喜欢他说他是神，并指责他是血腥的"……我和我的父亲是一体的。犹太人又拿石头要用石头打他。耶稣回答说，我从父显出许多善行给你们看，你们用石头打死我，是为那一件呢。犹太人回答说："我们不是为善事拿石头打你，乃是为亵渎神明；因为你既是人，就立自己为神……"（约翰福音 10：30-34）。

____

____

174.耶稣与他的父亲是一体的，这表明了一种盟约类型的关系，属于他父亲的东西同样属于他。为什么犹太人对耶稣的说法有异议？因为他告诉他们他是合一的，一个是天父。他们不喜欢他说他是神，并指责他是血腥的"……我和我的父亲是一体的。犹太人又拿石头要用石头打他。耶稣回答说，我从父显出许多善行给你们看，你们用石头打死我，是为那一件呢。犹太人回答说："我们不是为善事拿石头打你，乃是为亵渎神明；因为你既是人，就立自己为神……"（约翰福音 10 ： 30-34）。

____

____

____

175.耶稣是在亵渎吗？没有为什么或为什么没有？他和他的父亲是一体的，外表上说如果你看到我，你就会看到他。他们是如此的统一，以至于耶稣是神的"确切"代表，可以平等地接触神所拥有的一切"……父所拥有的一切都是我的……」（约翰福音 16:15 KJV）。"……我的都是你的，你的也是我的……"（约翰福音 17:10）。"……我父亲已经向我承诺了所有的事情。除了父，没有人认识子；除了子和子所愿意启示的人，没有人认识父……"（马太福音 11:27）。"……我父亲把一切都交托给我……"（路加福音 10:22 NIV）。既然你通过基督与神建立了圣约关系，如果你说神所拥有的一切都同样属于你，你会自夸吗？没有为什么或为什么没有？因为现在我可以像耶稣一样平等地接触神所拥有的一切，"……但与主联合的，就是一个灵……"（哥林多前书 6:17 KJV）。"……使他们都合而为一；正如你父在我里面，我在你里面，使他们也在我们里面，使世人相信你差了我来……"（约翰福音 17:21 -23 NASB）。

____

____

____

176.耶稣不仅有平等的机会接触神的一切，他还宣称了什么？他也与神是谁以及你何时看见他完全相似；你看见了神"……如果你们真的认识我，你们也会认识我的父。从现在开始，你确实认识他，也见过他。腓力说："主啊，把父显给我们看，这对我们来说就够了。耶稣回答说："……腓力，我在你们中间这么久，你还不认识我吗？任何见过我的人都见过父亲。你怎么能说，'把父显给我们看'？难道你不相信我在父亲里面，父亲在我里面吗？我对你们说的话，不是凭我自己的权威说的。相反，是住在我里面的父在做他的工作。当我说我在父里面，父在我里面时，请相信我；或者至少相信行为本身的证据……"（约翰福音 14: 7-11）。"……耶稣就喊着说：'凡信我的，不但信我，也信那差我来的。看我的，就是看那差我来的……'"（约翰福音 12:44 -45）。

____

____

____

177.耶稣的意思是什么？"......任何见过我的人都见过父亲吗？」（约翰福音 14 ： 9 ）。他的作品、他的行动、他的谈话、他的奇迹和他的思想与永生神是一样的，通过他，你实际上看到了神。如果你理解或知道其中一个，你就知道并理解了另一个。他们是一样的"......我和我的父亲是......一体的......"（约翰福音 10:30 KJV ）。"子是神荣耀的光辉，是神本体的精确代表......"（希伯来书 1: 3 KJV ）。"......耶稣回答说："......腓力，即使我在你们中间这么久，你还不认识我吗？任何见过我的人都见过父亲。......」（约翰福音 14 ： 7-11 ）。"......那看我的，就是看那差我来的......"（约翰福音 12:44 -45 ）。"......从来没有人见过神，惟独独生子，就是神自己，与父有最亲密关系的，将他表明出来......"（约翰福音 1 ： 18 ）。"......万物都是我父交托给我的。除了父，没有人认识子；除了儿子和子所愿意启示的人，没有人认识父......"（马太福音 11:27 ）。"......万物都是我父交托给我的。除了父，没有人知道子是谁；除了子和子所愿意启示的人，没有人知道父是谁......"（路加福音 10:22 ）。人们应该能够在你身上看到神吗？为什么或者为什么不呢？你们要成为"......效法他儿子的形像......"（罗马书 8:29 KJV ）。住在你里面的基督是"......看不见的[圣灵] ......来自世界的创造......清楚地看到，被创造的事物所理解......"（罗马书 1:20 KJV ）。"......所以若有人在基督里，他就是新造的人：旧事都过去了；看哪，万事都变成新的了......"（哥林多后书 5 ： 17 ）。"......耶稣基督在你们里面......"（哥林多后书 13: 5 KJV ）。"......基督在你们里面......"（歌罗西书 1:27 KJV ）。"......神的灵住在你们里面......"（罗马书 8: 9 KJV ）。"......如果基督在你们里面......（罗马书 8:10 KJV ）。"......神的灵住在你们里面？」（哥林多前书 3:16 KJV ）。"......岂不知你们的身子就是圣灵的殿吗？圣灵在你们里面，是从神来的，你们不是自己的人。」（哥林多前书 6:19 KJV ）。"......神曾说，我必住在其中......"（哥林多后书 6:16 ）。"......因为神在你们心里动工，叫你们立志行善......"（腓立比书 2:13 ）。

你和神通过基督的亲密关系

178.耶稣说他和他的父亲是一体的。你也是"现在"和父亲在一起吗？是的，解释。内住的基督使我与神合而为一"......我和我的父原为一......"（约翰福音 10 ： 30 ）。"......使他们都合而为一；正如你，父，在我里面，我在你里面，他们也在我们里面，好叫世人相信你差了我来......"（约翰福音 17 ： 21-23 ）。"我和我的父亲是一体的。"（约翰福音 10:30 KJV ）。" ......使他们也在我们里面...... "（约翰福音 17:21 -23 NASB ）。

179.耶稣和父亲是一体的。"......我和我的父原为一......"（约翰福音 10 ： 30 ）。父亲托付给他什么？他所拥有的一切，他的控制，他的能力，神"......将〔万物〕......托付〔他〕...... （马太福音 11:26 KJV ）"父爱子，将万物交在他手中"（约翰福音 3:35 KJV ）。

"......耶稣......对他们说，天上地下所有的权柄都赐给我了"（马太福音 28：18）。"......父所有的一切都是我的......」（约翰福音 16:15 KJV）。"......我的都是你的，你的也是我的......"（约翰福音 17:10）。"......我父亲已经向我承诺了所有的事情。除了父，没有人认识子；除了子和子所愿意启示的人，没有人认识父......"（马太福音 11:27）。"......我父亲把一切都交托给我......"（路加福音 10:22 NIV）。

____

____

____

180.因为你通过基督与神有"一个灵"的盟约关系，你有什么？神通过基督和祂的应许所拥有的一切"......不饶恕自己儿子的，......也自由地赐给[你]......一切？"（罗马书 8:32 NIV）。"......他赐给我们......他宝贵而华丽的应许......"（彼得后书 1：4 NASB）。"......因为神的应许有多少，在祂里面也是如此......阿们......"（哥林多后书 1：2 NASB）。"......耶和华向以色列家所作的美好应许没有一个失败；一切都应验了......"（约书亚记 21:45 NASB）。"......有极大的赏赐......""......你若听从耶和华你的神，就必蒙福......。"（诗篇 19: 7-11 ；申命记 28: 1 KJV）。

____

____

____

181.这是获得《公约》祝福的要求。上帝自由地赐给你一切，他的应许属于你，然而，你在圣约关系中的角色是什么？你们若不听从我，不遵行这一切诫命，就是藐视我的律例，心里厌恶我的典章，不遵行我的一切诫命，违背我的约，......"（利未记 26:14 - 15）。"......但不要只听神的话。你必须照它说的去做。否则，你们只是在自欺欺人。因为如果你听了这个词，却不服从，这就像对着镜子瞥了一眼你的脸。你看到了自己，走开了，忘记了你的样子。但是，如果你仔细研究那使你自由的完美律法，如果你照律法所说的去做，不要忘记你所听到的，那么神就会祝福你这样做......"（雅各书 1:22 - 25 NLT）。"......顺服胜过牺牲......"（撒母耳记上 16:22 -23 NLT）。"......如果你们爱我......遵守我的诫命......"（约翰福音 14:15 KJV）。"......有极大的赏赐......""......如果你们顺服耶和华你们的神，你们就有福了......"（诗篇 19: 7-11 ；申命记 28: 1 KJV）。

____

____

____

182.遵守盟约的一些祝福是什么？你蒙得救恩、智慧、喜乐、平安、启示的知识、复兴、属灵的果子、安慰，以及更多的赏赐：「......有极大的赏赐......」「......如果你顺服耶和华，你的神，你必蒙福......。"（诗篇 19: 7-11 ；申命记 28: 1 KJV）。"......耶和华的律法是完全的，能使人复原；耶和华的见证是确实的，能使愚人有智慧。耶和华的训词是正直的，使人心喜乐；耶和华的命令洁净，使人眼目明亮。敬畏耶和华是清洁的，永远长存；耶和华的典章是真实的，都是公义的。它们比黄金更可取，是的，比许多精金更

可取；也比蜂蜜和蜂窝的滴水更甜。此外，他们还警告你的仆人。留住他们有极大的
赏赐......"（诗篇 19: 7-11 ）。

183.顺服如何揭示神和信徒之间的亲密关系？ 服从是信仰的结果。信仰是爱的结果。
如果你爱他，你会遵守或相信他的诫命，这是服从的效果"......如果你爱我......〔如你所
说〕，〔你会〕......遵守我的诫命......"（约翰福音 14 ： 15 KJV ）。"......但那些服从神话语
的人确实表明了他们是多么完全地爱他。......」（约翰一书 5: 3-6 NLT ）。"......我们知道，
如果我们爱神并遵守祂的诫命，我们就爱神的儿女。爱神就是遵守祂的诫命......"（约
翰一书 5: 2-3 ）。"......爱神就是遵守祂的诫命......」（约翰一书 5: 2-3 NLT ）。

184.爱神意味着遵守祂的诫命，遵守祂的诫命是信任的标志。信任如何揭示亲密的迹象？
爱将你与另一个人联系在一起，但信任将你保持在一起。信任揭示了你和神之间爱的
纽带"......全心全意全意全力全力爱耶和华你的神：这是第一条诫命。第二种是，即......
爱你的邻居如同爱你自己。没有比这更伟大的诫命了"（马可福音 12:28 -31 ）。"......
爱......合一的完美纽带......"（哥林多前书 6:17 NASB ）。"......爱是耐心， [上帝的] ......爱
是仁慈的。它不嫉妒，它不夸耀，它不骄傲。不羞辱别人，不追求私利，不轻易被激
怒，不做错事记录。〔神的〕......爱不以恶为乐，却以真理为乐。它始终保护，始终信任，
始终希望，始终坚持， [上帝的] ......爱永不止息"（哥林多前书 13: 4-8 ）。"......没有比
舍命更大的爱了......"（约翰福音 15:13 NLT ）。"......你要专心仰赖耶和华......"（箴言 3:
5-6 ）。"......我相信你永恒的爱......」（诗篇 13: 5 NLT ）。"......我信靠你......"你是我的
神......"（诗篇 31:14 ）。

185.当你信靠神永恒的爱时，你还能获得什么益处？平安安息在他的爱中"......他们必
大得平安......"（以赛亚书 54:13 KJV ）。"......我将我的平安赐给你们：不要像世人所赐
的，将我赐给你们......"（约翰福音 14:27 KJV ）。"......让神的平安在你们心里作主......"
（歌罗西书 3:15 -17 KJV ）。"......圣灵的果子就是爱、喜乐、和平......"（加拉太书 5:22 -
23 KJV ）。"......耶稣站在中间，对他们说，愿你们平安。......耶稣又对他们说，愿你们
平安......"（约翰福音 20:19 -21 ）。"......神的平安，凡超越一切聪明，必在基督耶稣里
保守你们的心思意念"（腓立比书 4: 7 ）。"......上帝不是......和平的创造者......」（哥林
多前书 14:33 KJV ）。"......我使人和睦......我耶和华成就这一切......"（以赛亚书 45: 7
KJV ）。"......赐平安的神......"（希伯来书 13:20 -21 ）。

186.当你学会信靠神永恒的爱，在他的平安中行走时，你还能学到什么？满足于你在生活中所面临的不同经历；无论是好是坏"……[你可以学习]……无论在什么情况下都要满足。[你可以] …知道什么是需要， [你可以] …知道什么是充足。〔你可以学习〕……在任何情况下都满足的秘诀，无论是饱足还是饥饿，无论是富足还是匮乏……"（腓立比书4:11 -12 NIV）。"……〔你们〕……可以藉着基督做一切使我坚固的事。」（腓立比书 4:13 KJV）。

187.当你信靠祂永恒的爱，平安地行走，学会知足，你已经进入祂的……？安息"……进入安息的，自己也安息了，不再作工，正如神不再作工一样。因此，让我们努力进入那安息，使没有人因同样的悖逆榜样而跌倒……"（希伯来书4:10 -11 ASV）。"……神进入他安息的应许仍然存在，所以我们应该颤抖，害怕你们中的一些人可能没有经历。对于这个好消息--神已经准备好了这个休息--已经向我们宣布了，就像对他们一样。但这对他们没有好处，因为他们没有分享那些聆听者的信仰。因为只有我们相信的人才能进入他的安息。至于其他人，神说："我在愤怒中起了誓：'他们绝不会进入我的安息之地，'"尽管自从他创造世界以来，这安息已经准备好了。我们知道它已经准备好了，因为圣经中提到第七天的地方："第七天神休息了一切工作。"但在另一段经文中，神说："他们绝不会进入我的安息之地。"所以上帝的安息就在那里，让人们进入，但那些首先听到这个好消息的人没有进入，因为他们不服从上帝。所以神给他安排了另一个进入安息的时间，就是今天。神很久以后通过大卫在已经引用的话语中宣布了这一点："今天，当你听到他的声音时，不要硬着心。"如果约书亚成功地给了他们这种安息，神就不会说还有一天安息。所以有一个特殊的休息仍在等待上帝的子民。因为所有进入神安息的人都从他们的劳苦中休息，正如神在创造世界之后所做的那样。因此，让我们尽最大努力进入休息状态。但是，如果我们像以色列人一样违抗神，我们就会堕落。……"（希伯来书 4: 1-16 NLT）。

188.为什么许多信徒没有经历他的爱、平安、知足或进入他的安息？缺乏信心"……神进入他安息的应许仍然存在，〔它〕……已经向我们宣告，正如向他们宣告的一样。但这对他们没有好处，因为他们没有分享那些聆听者的信仰。因为只有我们相信的人才能进入他的安息。…所以让我们尽最大努力进入休息状态。但是，如果我们像以色列人一样违抗神，我们就会堕落。……"（希伯来书 4: 1-16 NLT）。

189.你能通过自我努力相信上帝吗？你可以相信为什么或者为什么不相信？然而，除了基督，你不能做任何真正神圣或正义的事"……除了〔耶稣〕，你不能做任何事……"（约翰福音 15: 5 NIV）。"问题在我身上，因为我太人性化了，是罪恶的奴隶。我真的不了解自己，因为我想做正确的事，但我不做。相反，我做我讨厌的事情。因此，我不是那个做错事的人；活在我身上的罪才是做错事的人。我知道没有什么好东西存在于我身上，也就是说，在我罪恶的本性中。我想做正确的事，但我做不到。我想做好事，但我不想。我不想做错事，但无论如何我都会做。我已经发现了这条生活原则--当我想（愿意）做正确的事情时，我不可避免地会做错事。 我[是] ……我内在罪恶的奴隶。哦，我是一个多么悲惨的人！谁能将我从罪恶主宰的生活中解放出来？感谢上帝！答案在我们的主耶稣基督里……"（罗马书 7:14 -25 NLT）。

190.你有什么能使你相信神并做他眼中看为正确的事？信心的尺度和内住的圣灵"……信心的尺度……"（罗马书 12: 3 KJV）。"……在你们里面工作，立志行事，成就他美好旨意的神……"（腓立比书 2:13）。"……神〔祂〕， ……〔装备〕……你们一切行祂旨意的善， ……祂在〔你们〕里面作工……藉着耶稣基督，祂所喜悦的……。阿们……"（希伯来书 13:20 -21）。

191.你从哪里了解到你和上帝之间的亲密关系？我是一个通过基督与神同在的灵，解释它的转化能力。内住的圣灵完全使我在基督里成为"新造的人""……但与主联合的就是一个灵……」（哥林多前书 6： 17）。"……所以若有人在基督里，他就是新造的人：旧事都过去了；看哪，万事都变成新的了……"（哥林多后书 5:17 KJV）。"……耶稣基督在你们里面……"（哥林多后书 13: 5 KJV）。

第 11 章

亲密关系

"……与智慧人同行的，必得智慧；愚昧人的伴侣必受伤害……"（箴言 13:20）。

经文："……与智慧人同行的，必得智慧；愚昧人的伴侣却必灭亡……"（约翰福音 13:20）。

课程的目的或目标：了解与您保持亲密关系的人可能会对您的生活产生重大影响。

应用课程：实践圣经的方式，通过基督体验与神的亲密关系。

主题讨论：了解与神为伴的重要性：亲密的伴侣关系会影响你，并可能改变你的好坏。"……与智慧人同行的，必得智慧；愚昧人的伴侣必受害……"（箴言 13:20）。信徒尤其如此。你可以善待和爱护所有人，但与错误的人保持亲密的伴侣关系是有害的。如果你是一个信徒，你和一个非信徒在一起，你和他们没有任何共同之处。"……一个信徒和一个非信徒有什么共同之处？……"所以，你们要从他们中间出来，与他们分开，"主说，"……"（哥林多后书 6:13-17）。圣经清楚地说，"不要与不信的人结合在一起；因为什么样的伙伴关系有义和不法，或者什么样的团契有光与黑暗？或者，基督与信徒有什么和谐之处，或者信徒与非信徒有什么共同之处？或者神的殿与偶像有什么协议？因为我们是永生神的殿，正如神所说："我要住在他们中间，在他们中间行走；我要作他们的神，他们要作我的子民。"所以，你们要从他们中间出来，与他们分别。"主说。"不可摸不洁净的……"（哥林多后书 6:13-17）。神呼召你进入与祂亲密的圣洁，"……住在〔你〕里面，行走在〔你们〕中间；……作〔你的〕神，作〔你〕……〔他的〕儿女。……（哥林多后书 6:13-17 NASB）。如果神与非信徒没有任何共同之处，那么你也不应该这样做。"……基督与信徒有什么和谐，或者信徒与非信徒有什么共同之处……"（哥林多后书 6:13-17 NASB）。神知道与错误的人交往是有害的。他亲切地警告自己的孩子，"……从他们中间出来，分开……"（哥林多后书 6:13-17）。为了神的目的，圣洁总是将某物或某人分开。神知道，"……愚昧人的伴侣必受伤害……"（箴言 13:20）。所以，"……不要摸不洁净的……"（哥林多后书 6:13-17）。

事实是，我们的道德价值观受到各种伴侣关系的影响。"……不要自欺：邪恶的友谊败坏良善的道德……"（哥林多前书 15:33 ASV）。你可能会愚蠢地认为你可以和某些同伴一起出去玩，而不受他们的影响。某些伴侣关系可能会以如此微妙的方式影响您，直到为时已晚，您才会知道。一点点罪仍然是一些罪，有些罪太多了。"……一个罪人毁灭了许多好处"（传道书 9:18 NASB）。"..你跑得很好；谁阻止你服从真理？这种说服不是来自召唤你们的那位。一点酵使整个面团发酵......"（加拉太书 5: 7-9）。所以，要明智，接受上帝对你所陪伴的公司的建议。"......行善人的道，谨守义人的路......"（箴言 2:20）。大卫王说："......我是一切敬畏〔神〕之人的同伴。那些遵守你训词的......"（诗 119: 63）。接受上帝的劝告，倾听他人的意见。"......凡侧耳听那赐生命责备的，必住在智慧人中间......"（箴言 2:20）。"......与智慧人同行的，必得智慧......"（箴言 13:20）。一点点罪仍然是一些罪，有些罪太多了。即使是和一个罪人一起出去玩也太过分了，"......一个罪人摧毁了许多美好的事物......"（传道书 9:18 NASB）。"......你跑得很好；谁阻止你顺服真理？这种说服不是来自召唤你们的那位。一点酵使整个面团发酵......"（加拉太书 5: 7-9）。

耶稣是神的同伴

192.耶稣的主要同伴是谁？他的天父"......我和我的父原为一......"（约翰福音 10 ： 30 KJV）。

____

____

____

193.作为上帝的同伴，耶稣如何受到这段关系的影响？ 无论耶稣在天上做了什么，他都做了同样的事。神亲自将他所做的事指示他，"......无论父作什么，子也照样作......"（约翰福音 5:19）。神"......凡自己所行的，都窥探他"（约翰福音 5:20）。因此，"子是神荣耀的光辉，是神本体的确切代表......"（希伯来书 1: 3 KJV）。"......凡看见我的，就是看见了父。......那看我的，就是看那差我来的......"（约翰福音 12:44 -45）。

____

____

____

194.作为上帝的同伴，耶稣受到影响，通过做什么来遵守他的诫命？通过谦卑自己和学习耶稣"......谦卑自己，顺服到死，甚至十字架的死"（腓立比书 2: 8 KJV）。"......他虽是儿子，却学会了顺服......"（希伯来书 5: 8）。

____

____

____

195.作为上帝的同伴，是什么影响了耶稣遵守他的诫命？他对父亲的爱"......使世人知道我爱父；父怎样吩咐我，我也照样行......"（约翰福音 14:31 KJV）。

____

____

____

196.作为上帝的同伴，耶稣受影响成为什么？世界的救主"......许多人的赎价"（马太福音 20:28 NIV）。"......永恒救恩的作者......"（希伯来书 5: 7-8-9 KJV）。"......神的羔羊，除去世人的罪"（约翰福音 1:29 KJV）。"......我们罪的赎罪祭......"（约翰一书 2: 2 NIV）。

"......极其尊贵......"，带有"......超乎万名之上的名......"（腓立比书 2：9）。"......与智慧人
同行的，必得智慧......"（箴言 13:20）。

____

____

____

你是神通过基督的伴侣

197.您为什么要选择私密公司？因为错误的伴侣关系对你没有好处"......愚昧人的伴侣
会受到伤害......"（箴言 13:20 NASB）。"......不要自欺：邪恶的友谊败坏良善的道德......"
（哥林多前书 15:33 ASV）。"......行善人的道，谨守义人的路......"（箴言 2:20）。"......
我是一切敬畏〔神〕和守你训词之人的伴侣......"（诗 119: 63）。"......凡侧耳听那赐生命
责备的，必住在智慧人中间......"（箴言 2:20）。"......与智慧人同行的，必得智慧......"
（箴言 13:20）。

____

____

____

198.信徒应该与非信徒保持亲密的友谊吗？没有为什么或为什么没有？他们不会有任
何共同点，信徒可能会因为和他们一起出去玩而受到伤害"......信徒与非信徒有什么共
同点？......"所以，你们要从他们中间出来，分别出来，"主说，"......"（哥林多后书
6:13 -17）。"不要与不信的人连在一起；因为公义和不法有何等合伙关系，光明与黑
暗有何等合伙关系？或者，基督与信徒有什么和谐之处，或者信徒与非信徒有什么共
同之处？或者神的殿与偶像有什么协议？......"（哥林多后书 6:13 -17 NASB）。

____

____

____

199.上帝并不是说不要帮助、爱或关心别人。然而，神是否说与非信徒保持亲密的伴侣
关系是不洁净的？是，为什么或为什么不？因为内住的圣灵和神告诉我们不要和不道
德的人在一起，"......我要住在他们中间，在他们中间行走；我要作他们的神，他们要
作我的子民。"所以，你们要从他们中间出来，与他们分别。"主说。"......不要摸不洁净
的......"（哥林多后书 6:13 -17）。"......我写信给你们......不要与不道德的人交往......"
（哥林多前书 5: 9 NASB）。"......不要嫉妒恶人，也不要想与他们同在......"（箴言 24: 1
NASB）。"......但实际上，我写信给你们，不要与任何所谓的弟兄交往，如果他是一个
不道德的人，或贪婪，或一个偶像崇拜者，或一个辱骂者，或一个醉汉，或一个骗子，
甚至不能与这样的人一起吃饭......"（哥林多前书 5:11 NASB）。

____

____

____

200.孔隙总是为了上帝的目的而将某物或某人分开。因此，神警告你，"......愚昧人的同伴必受伤害......"（箴言 13:20 NASB）。并且"......不可摸不洁之物......"（哥林多后书 6:13 -17）。此外，"......不听从恶人的劝告，不站在罪人的道路上，不坐在亵慢人的座位上，这人是何等有福！ 但他喜爱耶和华的律法，昼夜思想他的律法。 他必像一棵树，栽在溪水旁，按季节结果子，叶子不枯干；凡他所作的，他都亨通。恶人并非如此，但他们像风吹走的糠，因此恶人在审判中必站立不住，罪人在义人的会中也站立不住。因为耶和华知道义人的道路，恶人的道路却必灭亡......"（诗篇 1 篇）。"......所以，你们要从他们中间出来，与他们分别。"主说。"不可摸不洁净的......"（哥林多后书 6:13 -17）。"......因为神召我们不是要污秽，乃是要圣洁......"（帖撒罗尼迦前书 4: 7）。"......因为那召你们的本是圣洁的，所以你们在各样的谈话（生活中）都要圣洁......"（彼得前书 1:14）。你是为了上帝的目的而"分开"吗？是的，解释一下。神的内住圣灵使你因祂的目的而与众不同，然后在你身上工作，想要实现祂的目的

____

____

____

201.与哪怕一个不信的人为伴，对你有什么好处？它可以毁灭你与神同行"......一个罪人毁灭许多好事......"（传道书 9:18 NASB）。"..你跑得很好；谁阻止你服从真理？这种说服不是来自召唤你们的那位。一点酵使整个面团发酵......"（加拉太书 5: 7-9）。"......你们若不将那地的居民从你们面前赶出去，那时，你们所剩下的，必在你们眼前作刺，在你们两旁作荆棘，在你们所住的地上使你们烦恼......"（数字 33:55）。"......不要自欺：邪恶的友谊败坏良善的道德......"（哥林多前书 15:33 ASV）。

____

____

____

202.根据以下经文，你能从错误的亲密关系中学到什么罪恶的行为？学习如何生气和脾气暴躁"...... [不要] ......与脾气暴躁的人交往；或者与脾气暴躁的人交往，或者你将学习他的方式并为自己找到一个陷阱......"（箴言 22:24 -25 NASB）。

____

____

____

203.你与神有怎样的伴侣关系？一个灵的关系"但与主相连的，就是一个灵......〔与主相连......〕"（哥林多前书 6:17 KJV）。"一灵"伴侣关系如何影响你？它影响你想要遵行神的旨意，在你的生活中实现祂的目的，"......因为神在你里面作工，要成就祂的美好目的......"（腓立比 2:13 NIV）。"......我实在告诉你们，凡信我的人，必行我所行的事，甚至比这更大的事......"（约翰福音 14:12 -14）。

____

____

____

204.耶稣说："......父所作的，子也照样作......"（约翰福音 5:19）。因此，无论耶稣做了什么，你也可以用同样的方式做这些事情。你需要什么来从事神的工作？对耶稣基督有信心。信心会影响顺服（工作）「......我们该怎么做，才能行神的工作？'耶稣回答说：'这就是神的作为，叫你们信他所差来的。」（约翰福音 6：28-29）。

____

____

____

205.亚伯拉罕为何作神的工作？亚伯拉罕相信上帝会解释。亚伯拉罕相信上帝，这促使他去做上帝要求他做的事，即在行动中服从。信心导致顺服的行为"......'亚伯拉罕信了神，这算为义'，他被称为神的朋友。你看到，一个人〔凭着顺服〕......和......凭着信心......所做的事被认为是正义的」（雅各书2：18-24）。神的"工作"是"......你们信他所差来的。」（约翰福音 6：28-29）。"......亚伯拉罕信了神......"（雅各书 2:18 -24）。

____

____

____

206.上帝应许亚伯兰或亚伯拉罕的是什么？ 他必作多国之父"亚伯兰九十岁九岁的时候，耶和华向亚伯兰显现，对他说：'我是全能的神，你当在我面前行事为人完全。我必与你立约，使你的后裔极其繁多。亚伯兰俯伏在地。神与他说话，说，我与你立约，你要作多国的父......至于你妻子撒莱...... 我要赐福给你，给你一个儿子......我要与以撒立约，就是撒拉明年这时候要给你的。他不再和他说话了......"（创世记 17 章）。在神的应许之后，在撒莱之后，他的妻子有了他们的第一个儿子以撒；亚伯拉罕因与神相伴而被允许做什么？把他献在祭坛上"......他把他的儿子以撒献在祭坛上？......」（雅各书 2：18-24）。为什么？尽管以撒是他唯一的儿子，他等了一辈子才有了他；他仍然相信他会成为许多国家的父亲，并愿意献上他作为祭品，因为神指示他，他完全信任他"......亚伯拉罕相信神......"（雅各书 2:18 -24 NIV）。

____

____

____

207.作为上帝通过基督的伴侣，上帝对你有亲密的了解吗？是的，解释。他比我更了解我自己，他非常熟悉"所有"我的方式"......主啊，你已经检查了我的心，了解了我的一切。你知道我什么时候坐下或站起来。即使我在很远的地方，你也知道我的想法。当我旅行和在家休息时，您会看到我。你知道我所做的一切。主啊，在我说之前，你知道我要说什么。你走在我前面跟着我。你把你的祝福之手放在我的头上。这样的知识对我来说太奇妙了，对我来说太伟大了......"（诗篇 139 篇）。

____

____

____

208.作为神通过基督的伴侣，你能对神有亲密的认识吗？是的，解释一下。神的话语为你提供了一个确切的代表，表明神借着耶稣是谁，这话语。"......使他们认识你是唯一的真神，认识你所差来的耶稣基督......"（约翰福音 17: 3 KJV）。"......在我们的主和救主耶稣基督的恩典和知识中成长......"（彼得后书 3:18 KJV）。"......与智慧人同行的（如耶稣，道），必得智慧（如耶稣，道）......"（箴言 13:20）。

____

____

____

209.作为神通过基督的伴侣，他的伴侣关系会影响你的形象吗？是的，解释一下。通过神的话语学习神的道路，它会改变你的思想，使你的形象与基督的形象相一致，"......我们所有人，面无表情地默想主的荣耀，正在以不断增加的荣耀转变成祂的形象，这荣耀来自主，就是圣灵......"（哥林多后书 3:18 NIV）。"......我们既承受地上的人的形象，也必承受天上的人的形象......"（哥林多前书 15：49）。"......效法他儿子的形象......"（罗马书 8：29 KJV）。

____

____

____

210.亲密公司的重要性何在？影响您的行为的遗嘱会列出您的亲密伴侣的名单，并列出他们对您的一个影响？耶稣--祂影响我成为基督。我的母亲–她促使我尊重他人。我的丈夫--他影响我完成我的作品。我的儿子--他影响我变得更深情。

____

____

____

作者的其他书籍

小说标题

突如其来的夏日微风

三部曲第 1 部分

错误的清白

突如其来的夏日微风三部曲第 2 部分

苦涩的甜味

突如其来的夏日微风三部曲总结

没有比这更大的爱了

第 1 部分

显而易见的真相

第 2 部分

鼓舞人心的头衔

超越视野

转化爱情

转化亲密关系

转化痛苦

工作簿

转化爱情：教师指南*全新

转化爱情：学生工作簿*新

转化痛苦：教师指南*新

转化痛苦：学生工作簿*新

转变亲密关系：教师指南*新增

转变亲密关系：学生工作簿*新

书籍可在以下网址找到：
https://www.amazon.com/-/e/B005HS98PS